Términos Jurídicos

LUIS FERNANDO
NARVÀEZ CÀZARES

Un libro para estudiantes y profesionales del derecho que ampliará su conocimiento sobre los temas más comunes en la pràctica y teoria jurídica

Abogado defensor: Un abogado defensor es un profesional legal cuya principal responsabilidad es representar y proteger los derechos de una persona acusada en un proceso legal. Su función es asegurarse de que su cliente reciba un juicio justo y imparcial, brindándole asesoramiento legal, presentando pruebas en su favor, cuestionando las pruebas presentadas por la fiscalía y argumentando en su defensa. El abogado defensor debe tener un profundo conocimiento de las leyes aplicables y debe trabajar diligentemente para obtener el mejor resultado posible para su cliente, ya sea a través de la absolución, la reducción de cargos o la obtención de una sentencia más favorable.

Abstención de juicio: La abstención de juicio se refiere a la decisión de un juez de no participar en un caso específico debido a posibles conflictos de interés. Estos conflictos pueden surgir cuando el juez tiene relaciones personales o financieras con alguna de las partes involucradas en el caso, lo que podría comprometer su imparcialidad. En tales situaciones, el juez se abstiene y permite que otro juez maneje el caso para garantizar que se lleve a cabo un juicio justo y sin prejuicios.

Acuerdo plenario: Un acuerdo plenario se produce cuando todos los jueces que componen un tribunal, generalmente en un tribunal de apelaciones o una corte superior, llegan a un consenso unánime en un caso en particular. Esto significa que todos los jueces están de acuerdo en la decisión final o el fallo del caso. Los acuerdos plenarios son importantes porque reflejan una opinión unificada del tribunal y tienen un impacto significativo en la jurisprudencia y la interpretación de la ley.

Acuerdo reparatorio: Un acuerdo reparatorio es un acuerdo entre las partes involucradas en un delito, generalmente la víctima y el infractor, en el que se comprometen a resolver el asunto de manera amigable y reparar el daño causado. Este acuerdo puede implicar el pago de una compensación económica, la realización de servicios comunitarios u otras acciones destinadas a reparar el perjuicio causado. Los acuerdos reparatorios pueden evitar un juicio penal y permitir que las partes resuelvan la disputa de manera más rápida y efectiva.

Adhesión a la demanda: La adhesión a la demanda se refiere a la acción de unirse como parte interesada a una demanda que ya ha sido presentada por otra parte. Esto suele ocurrir cuando una persona o entidad tiene un interés legítimo en el resultado del caso y desea participar en el proceso judicial para proteger sus derechos o intereses. La adhesión a la demanda permite que estas partes adicionales se conviertan en co-demandantes o co-demandados, según corresponda.

Admisión de pruebas: La admisión de pruebas se produce cuando un juez acepta y permite que las pruebas presentadas por las partes en un juicio sean consideradas como evidencia válida en el proceso. El juez debe evaluar si las pruebas son relevantes, confiables y cumplen con los requisitos legales antes de admitirlas. Las pruebas admitidas pueden incluir documentos, testimonios de testigos, pruebas físicas, grabaciones de audio o video, entre otras. La admisión de pruebas es fundamental para determinar los hechos en disputa en un caso.

Agente del Ministerio Público: Un agente del Ministerio Público es un funcionario encargado de representar los intereses del Estado en un proceso penal. También se le conoce como fiscal o procurador. Su responsabilidad principal es presentar pruebas y argumentos en contra del acusado con el objetivo de obtener un veredicto de culpabilidad en caso de que las pruebas respalden la acusación. El agente del Ministerio Público trabaja en nombre de la sociedad y tiene el deber de buscar la justicia y la aplicación adecuada de la ley en el sistema de justicia penal.

Agravios: Los agravios se refieren a los daños o perjuicios causados, que son fundamentales en un caso legal. Estos daños pueden ser físicos, emocionales, financieros o de otro tipo, y generalmente son el foco de atención en un proceso legal. Las partes involucradas argumentarán cómo los agravios han ocurrido como resultado de las acciones u omisiones de la otra parte y buscarán remedios legales, como indemnización o reparación, para compensar estos perjuicios.

Agresión sexual: La agresión sexual se refiere a un acto de violencia de carácter sexual hacia otra persona sin su consentimiento. Puede incluir una variedad de acciones, desde tocamientos no deseados hasta violaciones, y es considerada un delito grave en la mayoría de los sistemas legales. La persecución de casos de agresión sexual busca proteger los derechos y la seguridad de las víctimas, así como llevar a los agresores ante la justicia.

Alegato: Un alegato es una exposición verbal de argumentos y pruebas realizada por las partes involucradas en un juicio. Durante un juicio, tanto la parte demandante como la demandada tienen la oportunidad de presentar sus alegatos ante el tribunal. Estos alegatos están diseñados para persuadir al juez o al jurado de la validez de sus argumentos y de la justicia de su causa.

Amnistía: La amnistía es el perdón o la absolución general otorgado por el Estado a ciertas personas por delitos cometidos. Esto significa que las personas beneficiadas por una amnistía no enfrentarán procesamiento ni castigo por los delitos específicos cubiertos por la amnistía. La amnistía a menudo se utiliza como medida política o humanitaria para perdonar ciertas acciones en un contexto específico, como conflictos armados o transiciones políticas.

Amparo: El amparo es una protección legal que garantiza los derechos fundamentales de las personas frente a actos de autoridad que puedan afectar sus libertades o garantías individuales. Es un recurso legal que permite a las personas impugnar decisiones gubernamentales o actos que consideren violan sus derechos constitucionales. El amparo busca asegurar que las autoridades actúen dentro de la ley y respeten los derechos humanos.

Antecedentes penales: Los antecedentes penales se refieren al historial de condenas y delitos cometidos por una persona a lo largo de su vida. Estos registros suelen ser mantenidos por las autoridades judiciales y pueden tener un impacto significativo en la vida de una persona, ya que pueden influir en la obtención de empleo,

vivienda y otros aspectos de la vida cotidiana.
Apelación en única instancia: La apelación en única instancia se refiere a la revisión de una decisión judicial en un solo nivel superior. En algunos sistemas legales, no existen tribunales de apelación múltiple, y la decisión de la corte de apelaciones es definitiva.

Apelación: La apelación es un recurso legal presentado ante una instancia superior, generalmente un tribunal de apelaciones, con el fin de revisar y cambiar una decisión judicial tomada en un nivel inferior. Las partes insatisfechas con el fallo de un tribunal tienen el derecho de apelar, argumentando que hubo errores de derecho o procedimiento en el juicio original. La apelación busca corregir posibles injusticias o errores en la aplicación de la ley.

Aprehensión: La aprehensión es la acción de detener a una persona sospechosa de cometer un delito. Puede ser llevada a cabo por la policía u otras autoridades encargadas de hacer cumplir la ley con el propósito de investigar la presunta infracción y, si es necesario, presentar cargos formales.

Arraigo domiciliario: El arraigo domiciliario es una restricción más específica que limita a una persona a su domicilio durante una investigación criminal. La persona bajo arraigo domiciliario no puede salir de su residencia sin previa autorización, lo que garantiza su disponibilidad para el proceso legal.

Arraigo: El arraigo es una medida cautelar que impide a una persona abandonar un lugar específico, como su residencia, durante una investigación criminal. Esta restricción tiene como objetivo asegurarse de que la persona esté disponible para cooperar en la investigación y comparecer ante las autoridades judiciales si es necesario.

Arresto: El arresto es la detención de una persona por presunta comisión de un delito. Suele ser llevado a cabo por la policía o agentes de la ley, y la persona arrestada es llevada ante las autoridades para enfrentar cargos formales o ser interrogada en relación con la presunta actividad delictiva.

Asesor jurídico: Un asesor jurídico es un profesional legal que proporciona orientación y consejo legal a individuos o entidades en asuntos legales. Pueden brindar asesoramiento en una variedad de áreas legales, desde asuntos personales hasta cuestiones comerciales y corporativas.

Asistencia jurídica gratuita: La asistencia jurídica gratuita es el derecho de las personas a recibir asesoramiento legal sin costo si carecen de recursos para contratar un abogado privado. El objetivo es garantizar que todas las personas tengan acceso a la justicia, independientemente de su capacidad financiera.

Atenuantes: Las circunstancias atenuantes son factores que disminuyen la gravedad de un delito y, como resultado, pueden llevar a una reducción de la pena impuesta al culpable. Estas circunstancias pueden incluir arrepentimiento, cooperación con las autoridades o una historia de buen comportamiento.

Atestado: Un atestado es un informe policial detallado que documenta un incidente o delito. Contiene información sobre lo sucedido, evidencia recopilada, testimonios de testigos y otros detalles relevantes. Los atestados son cruciales para la investigación y el proceso legal, ya que proporcionan una base de datos de los hechos.

Audiencia preliminar: La audiencia preliminar es la etapa inicial de un proceso legal en la que se determina la viabilidad del caso. En esta fase, se revisan los argumentos y las pruebas para determinar si hay suficiente evidencia para llevar el caso a juicio.

Audiencia: Una audiencia es un encuentro en el proceso legal en el que se presentan argumentos y pruebas ante un juez u otro tribunal competente. Las audiencias son fundamentales para el debido proceso y permiten que las partes involucradas expongan sus argumentos y presenten evidencia ante la autoridad judicial.

Auto de apertura a juicio: Un auto de apertura a juicio es una resolución judicial que indica que el caso avanza a la etapa de juicio. Esto significa que se considera que existen pruebas suficientes para continuar con el proceso legal.

Auto de formal prisión: Un auto de formal prisión es una decisión judicial que marca el inicio de un proceso penal contra una persona. Indica que se han presentado cargos formales y que la persona está siendo detenida o sujeta a medidas cautelares mientras se lleva a cabo la investigación y el juicio.

Auto de sujeción a proceso: Un auto de sujeción a proceso es una decisión judicial que determina que se debe continuar con el proceso legal en contra de una persona. Esto implica que hay suficientes pruebas para justificar la continuación del caso y su posterior juicio.

Auto de vinculación a proceso: Un auto de vinculación a proceso es una decisión judicial que indica que se llevará a juicio un caso en particular. Esto significa que el tribunal considera que existen pruebas suficientes para proceder con el juicio en contra de la persona acusada.

Auto incriminatorio: Un auto incriminatorio es una declaración escrita o grabada en la que una persona se acusa a sí misma de un delito. Estas declaraciones pueden ser utilizadas como evidencia en su contra en un juicio, pero deben cumplir con ciertos requisitos legales para ser admisibles.

Autopsia: Una autopsia es un examen post mortem de un cuerpo llevado a cabo por un médico forense para determinar la causa de la muerte. Puede incluir el análisis de tejidos y órganos, así como la recopilación de evidencia relacionada con la muerte, como lesiones o toxinas.

Autoría: La autoría se refiere a la responsabilidad de cometer un delito. Determinar quién fue el autor de un delito es esencial en un proceso legal para establecer la culpabilidad de una persona en particular.

Aviso de comparecencia: El aviso de comparecencia es una notificación oficial emitida por las autoridades para que una persona se presente ante ellas en una fecha y hora específicas. Puede ser parte de un proceso legal o de una investigación en curso.

Beneficio de la duda: El beneficio de la duda es un principio legal que favorece al acusado en caso de que existan dudas razonables sobre su culpabilidad. Esto significa que, en caso de incertidumbre, se debe considerar al acusado como inocente hasta que se pruebe su culpabilidad más allá de una duda razonable.

Cadena de custodia: La cadena de custodia es un proceso documentado que se utiliza para mantener la integridad de las pruebas durante su manejo legal. Garantiza que las pruebas se conserven de manera segura y se mantenga un registro detallado de quién las ha manejado en cada etapa del proceso.

Cadena perpetua: La cadena perpetua es una pena de prisión de por vida, en la que una persona condenada no tiene la posibilidad de libertad condicional o liberación anticipada. Es una de las penas más graves que puede imponerse en el sistema legal.

Caducidad: La caducidad se refiere a la expiración de un derecho o acción legal debido a la falta de ejercicio en un tiempo determinado. Esto significa que si una persona no ejerce su derecho o acción dentro del plazo establecido por la ley, puede perderlo.

Calumnias: Las calumnias son acusaciones falsas que dañan la reputación de otra persona. En el contexto legal, las calumnias pueden dar lugar a acciones legales por difamación, donde la persona difamada busca reparación por el daño causado a su reputación.

Cámara de apelación: Una cámara de apelación es una instancia judicial encargada de revisar decisiones judiciales en apelación. Su función es evaluar si hubo errores de derecho o procedimiento en el juicio original y determinar si la decisión debe ser modificada o confirmada.

Cámara de casación: Una cámara de casación es un tribunal superior que se especializa en revisar cuestiones de derecho en una apelación. Su enfoque principal es evaluar si se aplicaron correctamente los principios legales y si la interpretación de la ley en el juicio original fue adecuada.

Cámara de primera instancia: Una cámara de primera instancia es un tribunal donde se llevan a cabo juicios iniciales. Es el nivel inicial del sistema judicial en el que se presentan casos y se emiten las primeras decisiones judiciales.

Cárcel: Una cárcel es una institución de detención diseñada para albergar a personas condenadas por delitos menos graves o a aquellos que están esperando juicio. A diferencia de las prisiones, que suelen albergar a personas con condenas más largas, las cárceles están destinadas a estancias temporales.

Carga de la prueba: La carga de la prueba es la obligación que recae en una de las partes en un juicio de presentar pruebas suficientes y convincentes para respaldar una afirmación o alegación. Por lo general, la parte que afirma algo debe proporcionar evidencia que demuestre su caso más allá de una duda razonable. Si no puede hacerlo, la otra parte puede prevalecer en el juicio.

Casación: La casación es un recurso legal que busca anular o modificar una sentencia emitida por un tribunal inferior debido a errores de procedimiento o aplicación del derecho. En lugar de revisar los hechos del caso, la casación se enfoca en cuestiones legales y procesales que pueden haber influido en el resultado del juicio.

Caso cerrado: Un caso cerrado se refiere a una situación legal que ha sido resuelta y concluida sin posibilidad de más acciones legales. Esto puede ocurrir cuando se ha emitido una sentencia final o cuando todas las cuestiones legales relacionadas con el caso se han agotado.

Caso fortuito: Un caso fortuito se refiere a un evento imprevisible e inevitable que exime de responsabilidad en ciertos casos legales. En situaciones de caso fortuito, una persona puede no ser considerada responsable por daños o incumplimientos contractuales debido a circunstancias fuera de su control.

Causa de sobreseimiento: Una causa de sobreseimiento es un motivo legal que permite poner fin a un caso sin llevarlo a juicio. Puede deberse a la falta de pruebas suficientes, la prescripción del delito o alguna otra razón que haga que el caso sea inviable.

Causa penal: Una causa penal se refiere a un asunto judicial relacionado con la comisión de un delito. En este tipo de casos, se busca determinar si una persona es culpable o inocente de un delito específico y, en caso de culpabilidad, se establece la penalidad correspondiente.

Causal de inimputabilidad: Una causal de inimputabilidad es una razón legal que exime a una persona de responsabilidad penal debido a incapacidades mentales que la hacen incapaz de comprender la ilicitud de sus acciones. En estos casos, se considera que la persona no puede ser culpable de un delito debido a su estado mental.

Causal de justificación: Una causal de justificación es una circunstancia legal que permite ciertas acciones que normalmente serían consideradas delictivas. Estas circunstancias pueden incluir la legítima defensa, la necesidad o el cumplimiento del deber, y se consideran excusas legales para el comportamiento.

Causal de nulidad: Una causal de nulidad es una razón legal que invalida un acto o proceso debido a la falta de cumplimiento de requisitos legales. Cuando se presenta una causal de nulidad, el acto o proceso se considera inválido desde su inicio.

Cédula de notificación: Una cédula de notificación es un documento oficial utilizado para informar a las partes involucradas en un caso judicial sobre decisiones judiciales, citaciones o cualquier otro acto procesal importante. Se utiliza para notificar a las partes sobre los eventos y procedimientos legales relacionados con el caso.

Circunstancias agravantes: Las circunstancias agravantes son factores que aumentan la gravedad de un delito y, como resultado, pueden llevar a una penalidad más severa. Estas circunstancias pueden incluir la violencia, el uso de armas, la reincidencia o la premeditación.

Clausura de audiencia: La clausura de audiencia es la finalización oficial de una audiencia judicial. Significa que todas las pruebas y argumentos han sido presentados, y se cierra la etapa de presentación de evidencia. Luego, el juez o tribunal tomará una decisión basada en la información presentada.

Código de procedimientos: Un código de procedimientos es un conjunto de normas que regulan el proceso legal, incluidos los procedimientos judiciales, las reglas de presentación de pruebas, los plazos y otros aspectos relacionados con la administración de justicia.

Código Penal: Un Código Penal es un conjunto de leyes que define y sanciona los delitos y establece las penalidades correspondientes por la comisión de estos delitos. El Código Penal establece las normas legales que rigen el comportamiento criminal en una jurisdicción específica.

Comisión de delito: La comisión de delito se refiere al acto de cometer un acto ilegal o delictivo, que va en contra de las leyes y regulaciones establecidas. La comisión de un delito puede llevar a consecuencias legales, como arresto, juicio y posible condena.

Comparecencia: La comparecencia es la presentación de una persona ante las autoridades o un tribunal en el contexto legal. Puede incluir la presentación voluntaria o la citación obligatoria para comparecer en una audiencia o proceso legal.

Competencia: La competencia se refiere a la jurisdicción legal o la autoridad de un tribunal para conocer y decidir sobre un caso en particular. La competencia está determinada por la ubicación geográfica, el tipo de caso y otras consideraciones legales.

Complicidad: La complicidad se produce cuando una persona participa en la comisión de un delito junto con otra persona. Aunque no cometa directamente el delito, puede ser considerada cómplice y enfrentar consecuencias legales.

Concurso de delitos: El concurso de delitos se produce cuando una persona comete varios delitos al mismo tiempo o en relación con un solo acto criminal. En algunos sistemas legales, esto puede influir en la penalidad impuesta.

Concurso de personas: El concurso de personas se refiere a la participación de múltiples personas en la comisión de un delito. Esto puede incluir coautores, cómplices o instigadores que colaboran en la realización del delito.

Condena condicional: Una condena condicional es una sentencia en la que se suspende una parte o la totalidad de la pena a cambio de un comportamiento adecuado del condenado. Si el condenado cumple con ciertas condiciones durante un período determinado, la pena puede no ser ejecutada.

Condena: Una condena es una sentencia emitida por un tribunal que establece la pena para una persona declarada culpable de un delito. La condena puede incluir penas de prisión, multas u otras sanciones.

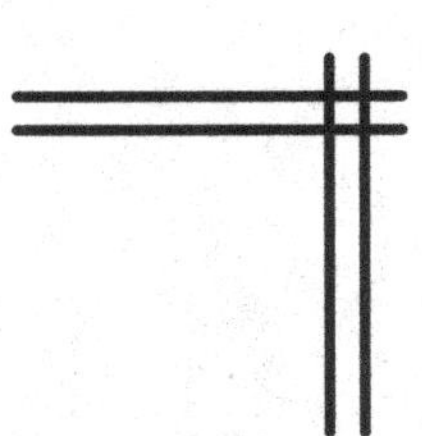

Confesión: La confesión es la admisión de culpa por parte del acusado en un delito. Puede ser verbal o escrita y se considera una forma de evidencia en un juicio. Sin embargo, debe ser obtenida de manera legal y voluntaria.

Conflicto de intereses: El conflicto de intereses se produce cuando los intereses personales de una persona interfieren con sus deberes profesionales u obligaciones éticas. En el contexto legal, puede referirse a una situación en la que un abogado o un funcionario público enfrenta un conflicto entre sus intereses personales y sus responsabilidades profesionales.

Confrontación: La confrontación es un encuentro entre testigos o partes opuestas en un juicio para presentar y cuestionar pruebas y testimonios. Durante la confrontación, las partes pueden examinar y contrainterrogar a los testigos para establecer hechos relevantes para el caso.

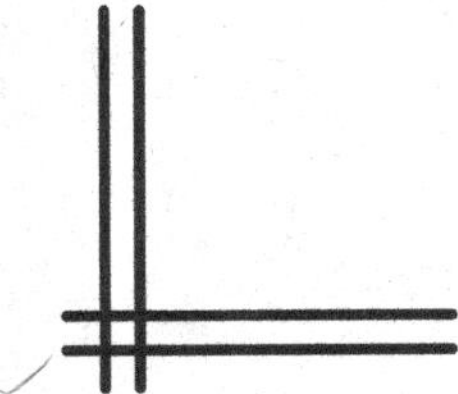

Consentimiento: El consentimiento es la aprobación voluntaria y consciente para llevar a cabo una acción legal. En muchos contextos legales, el consentimiento es fundamental para determinar si una acción fue ilegal o no, especialmente en casos de relaciones personales, contratos y procedimientos médicos.

Consulta popular: La consulta popular es un proceso mediante el cual se somete una cuestión de interés público a votación de la población. Puede utilizarse para tomar decisiones políticas importantes o para cambiar leyes y políticas gubernamentales.

Contaminación de pruebas: La contaminación de pruebas se refiere a la alteración o manipulación de evidencia que afecta su validez legal. Esto puede incluir la destrucción de pruebas, la modificación de documentos o cualquier acción que comprometa la integridad de la evidencia.

Contradicción: La contradicción se produce cuando las pruebas o argumentos presentados en un caso legal se oponen entre sí. Puede ser responsabilidad del tribunal resolver las contradicciones y determinar cuál es la evidencia más creíble y relevante.

Contraexamen: El contraexamen es la pregunta y evaluación de un testigo por parte de la parte contraria en un juicio. Durante el contraexamen, la parte contraria puede buscar debilitar la credibilidad del testigo o cuestionar sus declaraciones y testimonio.

Contrato de agencia: Un contrato de agencia es un acuerdo legal en el que una parte, conocida como agente, representa los intereses de otra parte, conocida como principal, en transacciones específicas. El agente actúa en nombre del principal y tiene ciertas responsabilidades y poderes para llevar a cabo las transacciones acordadas.

Contrato de anticresis: Un contrato de anticresis es un acuerdo en el cual se concede un inmueble a un acreedor como garantía de una deuda. El acreedor tiene el derecho de poseer y utilizar el inmueble hasta que se haya pagado la deuda.

Contrato de arras: Un contrato de arras es un acuerdo preliminar en el que una parte entrega una cantidad de dinero como señal para la compra futura de un bien, generalmente un bien inmueble. Sirve como garantía de que ambas partes cumplirán con el contrato principal.

Contrato de arrendamiento financiero: Un contrato de arrendamiento financiero es un acuerdo en el que una parte arrienda un bien con la opción de compra al final del contrato. Durante el período de arrendamiento, el arrendatario paga una renta y al final del contrato tiene la opción de adquirir el bien.

Contrato de arrendamiento: Un contrato de arrendamiento es un acuerdo legal entre un arrendador y un arrendatario para el alquiler de un bien inmueble. El contrato establece los términos y condiciones del alquiler, incluido el precio del arriendo, la duración del contrato y las responsabilidades de ambas partes.

Contrato de cesión de derechos: Un contrato de cesión de derechos es un acuerdo en el que una parte transfiere legalmente sus derechos legales sobre un bien o un contrato a otra parte. Esto permite que la parte receptora asuma los derechos y obligaciones que antes pertenecían a la parte cedente.

Contrato de comisión: Un contrato de comisión es un acuerdo en el que una parte, conocida como comisionista, se compromete a realizar ciertas acciones en nombre de otra parte, conocida como comitente. El comisionista actúa como intermediario y puede llevar a cabo acciones como la compra o venta de bienes en nombre del comitente.

Contrato de compraventa con reserva de dominio: Un contrato de compraventa con reserva de dominio es un acuerdo en el cual el vendedor retiene la propiedad del bien vendido hasta que el comprador haya pagado la totalidad del precio acordado. Una vez que se complete el pago, el comprador adquiere la plena propiedad del bien.

Contrato de compraventa internacional de mercaderías: Un contrato de compraventa internacional de mercaderías es un acuerdo para la transferencia de bienes entre países que está regido por la Convención de las Naciones Unidas sobre los Contratos de Compraventa Internacional de Mercaderías (CISG, por sus siglas en inglés).

Contrato de compraventa internacional: Un contrato de compraventa internacional es un acuerdo para la transferencia de bienes entre partes de diferentes países. Este tipo de contrato puede tener en cuenta regulaciones comerciales internacionales y puede requerir la adaptación a leyes y reglamentos específicos de cada país.

Contrato de compraventa mercantil: Un contrato de compraventa mercantil es un acuerdo legal utilizado en el contexto comercial para la transferencia de bienes. Estos contratos pueden incluir términos y condiciones específicos relacionados con el comercio y las prácticas comerciales.

Contrato de compraventa: Un contrato de compraventa es un acuerdo legal mediante el cual una parte se compromete a transferir bienes a cambio de dinero. Este tipo de contrato establece los términos y condiciones de la transacción, incluyendo el precio, la entrega y las responsabilidades de ambas partes.

Contrato de concesión: Un contrato de concesión es un acuerdo en el que una parte concede a otra el derecho de operar un negocio o utilizar una marca comercial. El concesionario opera el negocio de acuerdo con los términos del contrato y paga regalías o tarifas al concesionante.

Contrato de crédito: Un contrato de crédito es un acuerdo de préstamo de dinero que establece condiciones específicas, como tasas de interés, plazos de pago y garantías. Este tipo de contrato regula la relación entre el prestamista y el prestatario.

Contrato de defensa: Un contrato de defensa es un acuerdo en el cual una parte proporciona servicios legales de defensa a otra parte. Esto puede incluir la representación legal en procedimientos judiciales o asesoramiento legal en cuestiones legales específicas.

Contrato de depósito: Un contrato de depósito es un acuerdo en el cual una parte, conocida como depositante, entrega bienes o activos a otra parte, conocida como depositario, para su custodia y cuidado. El depositario se compromete a mantener los bienes de manera segura y devolverlos al depositante según lo acordado.

Contrato de distribución: Un contrato de distribución es un acuerdo en el que una parte, conocida como distribuidor, se compromete a distribuir productos en nombre de otra parte, conocida como fabricante o proveedor. Este contrato regula la relación entre ambas partes en términos de distribución y comercialización.

Contrato de donación: Un contrato de donación es un acuerdo en el cual una parte transfiere bienes, dinero u otros activos a otra parte sin esperar compensación a cambio. Es un acto de generosidad en el que el donante renuncia a sus derechos sobre los activos donados.

Contrato de fianza: Un contrato de fianza es un acuerdo en el que una parte, conocida como fiador, se compromete a responder por las obligaciones de otra parte, conocida como deudor, en caso de incumplimiento. El fiador garantiza el cumplimiento de las obligaciones del deudor frente al acreedor.

Contrato de franquicia: Un contrato de franquicia es un acuerdo en el que una parte, conocida como franquiciador, otorga a otra parte, conocida como franquiciado, el derecho de operar un negocio bajo su marca y utilizando su modelo comercial. El franquiciado paga regalías y sigue las directrices del franquiciador.

Contrato de hipoteca: Un contrato de hipoteca es un acuerdo en el que un deudor utiliza un bien inmueble como garantía para obtener un préstamo. En caso de incumplimiento, el prestamista tiene el derecho de tomar posesión del bien hipotecado para recuperar el préstamo pendiente.

Contrato de intermediación: Un contrato de intermediación es un acuerdo en el que una parte actúa como intermediario en transacciones comerciales entre otras partes. El intermediario facilita la comunicación y la negociación entre las partes involucradas.

Contrato de joint venture: Un contrato de joint venture es un acuerdo en el que dos o más partes colaboran en un proyecto comercial conjunto. Estas partes combinan recursos y esfuerzos para alcanzar objetivos específicos, como la creación de una empresa conjunta o la realización de un proyecto compartido.

Contrato de mandato: Un contrato de mandato es un acuerdo en el que una parte, conocida como mandante, autoriza a otra parte, conocida como mandatario, a actuar en su nombre y realizar ciertas acciones específicas. El mandatario actúa como representante del mandante en asuntos específicos.

Contrato de mutuo: Un contrato de mutuo es un acuerdo de préstamo de dinero en el cual una parte presta una cantidad de dinero a otra parte, con la obligación de devolver la suma prestada más los intereses acordados en un plazo determinado.

Contrato de obra: Un contrato de obra es un acuerdo en el cual una parte se compromete a realizar una obra o servicio específico a cambio de una compensación. Este tipo de contrato se utiliza en proyectos de construcción, servicios profesionales y otras actividades.

Contrato de opción: Un contrato de opción es un acuerdo que otorga a una parte la posibilidad de comprar o vender un bien, como un inmueble o acciones, en el futuro a un precio determinado. La parte que posee la opción tiene la elección de ejercerla o no dentro del período acordado.

Contrato de permuta: Un contrato de permuta es un acuerdo en el que dos partes intercambian bienes, servicios o activos de valor similar. Ambas partes deben estar de acuerdo con los términos del intercambio, que pueden incluir condiciones específicas.

Contrato de prenda: Un contrato de prenda es un acuerdo en el que un bien, como un automóvil o una joya, se ofrece como garantía de un préstamo. Si el deudor no cumple con las obligaciones del préstamo, el acreedor tiene el derecho de tomar posesión del bien prendado.

Contrato de prestación de servicios: Un contrato de prestación de servicios es un acuerdo en el cual una parte se compromete a proporcionar servicios a cambio de una compensación acordada. Este tipo de contrato establece los términos y condiciones de los servicios que se prestarán.

Contrato de préstamo: Un contrato de préstamo es un acuerdo en el que una parte presta dinero a otra parte, generalmente con la obligación de devolverlo en un plazo específico y con intereses acordados.

Contrato de relevo: Un contrato de relevo es un acuerdo en el que un trabajador se retira parcialmente de su puesto de trabajo y otro trabajador lo reemplaza. Este tipo de contrato se utiliza para facilitar la transición de empleados más jóvenes o nuevos al puesto del trabajador que se retira.

Contrato de seguro: Un contrato de seguro es un acuerdo en el que una parte, conocida como asegurador, se compromete a compensar pérdidas o daños a otra parte, conocida como asegurado, en caso de eventos específicos cubiertos por la póliza de seguro.

Contrato de servicios profesionales: Un contrato de servicios profesionales es un acuerdo en el que una parte proporciona servicios expertos, como servicios legales, médicos o de consultoría, a otra parte a cambio de una compensación.

Contrato de sociedad: Un contrato de sociedad es un acuerdo en el que dos o más partes colaboran para llevar a cabo un negocio o proyecto conjunto. En un contrato de sociedad, se establecen los derechos, responsabilidades y la participación de cada socio en el negocio conjunto.

Contrato de suministro: Un contrato de suministro es un acuerdo en el que una parte se compromete a proveer bienes o servicios de manera continua a otra parte. Estos contratos pueden incluir términos relacionados con la cantidad, calidad, plazos de entrega y precios de los suministros.

Contrato de teletrabajo: Un contrato de teletrabajo es un acuerdo en el que el empleado trabaja de manera remota, generalmente desde su hogar u otro lugar fuera de las instalaciones del empleador. Este tipo de contrato regula los términos y condiciones del trabajo a distancia.

Contrato de tiempo compartido: Un contrato de tiempo compartido es un acuerdo en el cual varias personas comparten el uso de un bien, como una propiedad vacacional, durante períodos designados. Cada titular de tiempo compartido tiene derecho a utilizar el bien en momentos específicos del año.

Contrato de trabajo a destajo: Un contrato de trabajo a destajo es un acuerdo donde el trabajador es remunerado en función de la cantidad de trabajo realizado o de las unidades producidas. El salario está vinculado al rendimiento y la producción del trabajador.

Contrato de trabajo a domicilio: Un contrato de trabajo a domicilio es un acuerdo en el cual el empleado trabaja desde su hogar o lugar de residencia, en lugar de en las instalaciones del empleador. Este tipo de contrato se utiliza para empleos que pueden realizarse de manera remota.

Contrato de trabajo a prueba: Un contrato de trabajo a prueba es un acuerdo que establece un período inicial de evaluación laboral, durante el cual tanto el empleador como el empleado pueden evaluar si la relación laboral es adecuada para ambas partes.

Contrato de trabajo a tiempo completo: Un contrato de trabajo a tiempo completo es un acuerdo en el cual el empleado trabaja el horario estándar de trabajo, generalmente definido como 40 horas a la semana o el equivalente a jornada completa según las leyes laborales locales.

Contrato de trabajo a tiempo parcial: Un contrato de trabajo a tiempo parcial es un acuerdo en el cual el empleado trabaja menos horas que en un contrato a tiempo completo, lo que suele resultar en una jornada laboral reducida.

Contrato de trabajo de jornada completa: Un contrato de trabajo de jornada completa es un acuerdo en el cual el empleado trabaja todas las horas de una jornada laboral estándar, generalmente sin interrupciones largas.

Contrato de trabajo de jornada continua: Un contrato de trabajo de jornada continua es un acuerdo en el cual el empleado trabaja en un solo período durante el día, sin interrupciones largas entre el inicio y el final de la jornada laboral.

Contrato de trabajo de jornada mixta: Un contrato de trabajo de jornada mixta es un acuerdo en el cual el empleado trabaja en horarios combinados durante el día, con interrupciones significativas entre las jornadas laborales.

Contrato de trabajo de jornada partida: Un contrato de trabajo de jornada partida es un acuerdo en el cual el empleado trabaja en dos períodos separados durante el día, con un descanso entre ambas jornadas laborales.

Contrato de trabajo de jornada reducida: Un contrato de trabajo de jornada reducida es un acuerdo en el cual el empleado trabaja menos horas de las normales, lo que resulta en una jornada laboral más corta que la estándar.

Contrato de trabajo en el extranjero: Un contrato de trabajo en el extranjero es un acuerdo en el cual el empleado trabaja en un país diferente al de su residencia habitual. Este tipo de contrato puede incluir detalles sobre la duración de la asignación, los beneficios y las condiciones de empleo en el extranjero.

Contrato de trabajo en régimen agrario: Un contrato de trabajo en régimen agrario es un acuerdo para empleo en el sector agrícola bajo condiciones específicas, generalmente relacionadas con la temporada de cosecha y la naturaleza estacional de la agricultura.

Contrato de trabajo en régimen de aprendizaje: Un contrato de trabajo en régimen de aprendizaje es un acuerdo en el cual una parte, conocida como aprendiz, recibe formación y capacitación en un oficio o profesión específica por parte de otra parte, conocida como maestro o tutor. Este contrato se utiliza para el desarrollo de habilidades y la transmisión de conocimientos.

Contrato de trabajo en régimen de contrato a plazo fijo: Un contrato de trabajo en régimen de contrato a plazo fijo es un acuerdo laboral con una duración predefinida, es decir, tiene una fecha de inicio y una fecha de finalización establecidas de antemano. Al finalizar el plazo, el contrato puede renovarse si ambas partes así lo acuerdan.

Contrato de trabajo en régimen de contrato a plazo indefinido: Un contrato de trabajo en régimen de contrato a plazo indefinido es un acuerdo laboral que no tiene una fecha de finalización especificada. Continúa en vigor hasta que una de las partes decida poner fin al contrato, siguiendo los procedimientos legales correspondientes.

Contrato de trabajo: Un contrato de trabajo es un acuerdo entre un empleador y un empleado que establece los términos y condiciones de empleo, incluyendo la duración, salario, horarios de trabajo, responsabilidades y otros aspectos relacionados con la relación laboral.

Contrato de transporte: Un contrato de transporte es un acuerdo en el que una parte se compromete a prestar servicios de transporte de bienes o personas a cambio de una compensación. Este tipo de contrato regula los términos y condiciones del servicio de transporte.

Contrato de usufructo: Un contrato de usufructo es un acuerdo que otorga el derecho de uso y disfrute de un bien ajeno a una persona, conocida como usufructuario, durante un período determinado o de por vida. El propietario del bien conserva la propiedad, pero el usufructuario tiene ciertos derechos sobre él.

Contrato en el extranjero: Un contrato en el extranjero es un acuerdo en el que el empleado trabaja en un país diferente al de su residencia habitual. Puede incluir detalles sobre la duración de la asignación, los beneficios y las condiciones de empleo en el extranjero.

Contrato en el régimen agrario: Un contrato en el régimen agrario es un acuerdo para empleo en el sector agrícola bajo condiciones específicas, generalmente relacionadas con la temporada de cosecha y la naturaleza estacional de la agricultura.

Contrato en el régimen de aprendizaje: Un contrato en el régimen de aprendizaje es un acuerdo en el que una parte, conocida como aprendiz, recibe formación y capacitación en un oficio o profesión específica por parte de otra parte, conocida como maestro o tutor. Este contrato se utiliza para el desarrollo de habilidades y la transmisión de conocimientos.

Contrato en el régimen de formación: Un contrato en el régimen de formación es un acuerdo destinado a proporcionar formación a un trabajador en áreas específicas, generalmente como parte de su desarrollo profesional.

Contrato en el régimen de pasantía: Un contrato en el régimen de pasantía es un acuerdo en el que una persona, generalmente un estudiante o recién graduado, realiza prácticas laborales en una organización para adquirir experiencia profesional.

Contrato en el régimen de prácticas: Un contrato en el régimen de prácticas es similar a una pasantía y se utiliza para la realización de prácticas profesionales en un entorno laboral.

Contrato en el régimen especial: Un contrato en el régimen especial es un acuerdo que se ajusta a condiciones especiales establecidas por la ley o regulaciones específicas para ciertas categorías de trabajadores o situaciones particulares.

Contrato eventual: Un contrato eventual es un acuerdo destinado a trabajos ocasionales y temporales que no forman parte de la actividad laboral regular de una persona.

Contrato por obra o proyecto: Un contrato por obra o proyecto es un acuerdo en el que se contrata a una persona para realizar un trabajo específico con un fin determinado. El contrato finaliza cuando se completa la obra o el proyecto.

Contrato por tiempo determinado: Un contrato por tiempo determinado es un acuerdo con una duración predefinida, es decir, tiene una fecha de inicio y una fecha de finalización establecidas de antemano. Al finalizar el plazo, el contrato puede renovarse o terminar, dependiendo de las circunstancias y el acuerdo de las partes.

Contrato por tiempo indefinido: Un contrato por tiempo indefinido es un acuerdo laboral que no tiene una fecha de finalización especificada. Continúa en vigor hasta que una de las partes decida poner fin al contrato, siguiendo los procedimientos legales correspondientes.

Control de detención: El control de detención es una evaluación judicial de la legalidad de una detención realizada por las autoridades. Durante esta audiencia, se determina si la detención se llevó a cabo de acuerdo con la ley y si el detenido debe ser liberado o retenido.

Convicción: La convicción se refiere a una creencia firme o un convencimiento profundo sobre algo, generalmente basado en evidencia o experiencia. En el contexto legal, puede hacer referencia a la convicción de la culpabilidad de una persona en un delito.

Coparticipación: La coparticipación se refiere a la participación conjunta en una actividad o beneficio compartido entre dos o más partes. En el contexto financiero, puede hacer referencia a la distribución de recursos financieros entre diferentes niveles de gobierno.

Copias certificadas: Las copias certificadas son reproducciones de documentos originales que han sido certificadas como auténticas por una autoridad competente. Estas copias tienen el mismo valor legal que los documentos originales.

Corrupción: La corrupción se refiere a la práctica de realizar actos ilegales o deshonestos para obtener beneficios personales o ganancias indebidas. Puede incluir sobornos, malversación de fondos públicos y otras conductas fraudulentas.

Cuerpo del delito: El cuerpo del delito se refiere a los elementos materiales que evidencian la comisión de un delito. Esto puede incluir evidencia física, como armas, documentos o pruebas forenses, que demuestran que se ha cometido un delito.

Culpa: La culpa se refiere a la responsabilidad por negligencia o falta de diligencia en la realización de un acto o deber. Puede estar relacionada con accidentes y lesiones causadas por descuidos.

Culpabilidad: La culpabilidad se refiere a la responsabilidad por la comisión de un delito. En un contexto legal, implica que una persona ha cometido un acto ilícito y puede estar sujeta a sanciones legales.

Daño colateral: El daño colateral se refiere a los daños secundarios o indirectos que resultan de una acción o evento, a menudo no intencionados. Puede incluir efectos adversos que afectan a terceros no involucrados directamente en la acción.

Daño emergente: El daño emergente se refiere a la pérdida económica directa causada por un evento o acción específica. Puede incluir la pérdida de ingresos, costos de reparación o gastos médicos.

Daño moral: El daño moral se refiere al sufrimiento psicológico o emocional causado por un acto o evento. Puede incluir angustia mental, sufrimiento emocional y daño a la reputación.

Daño patrimonial: El daño patrimonial se refiere a la pérdida económica sufrida por una persona, que puede ser el resultado de un acto ilícito, negligencia o incumplimiento contractual.

Daños y perjuicios: Los daños y perjuicios son la compensación que se otorga para compensar los daños materiales y morales sufridos por una parte debido a la conducta ilícita de otra parte. Esta compensación puede incluir el pago de dinero u otros remedios legales.

Decisión judicial: Una decisión judicial es una resolución emitida por un juez o tribunal en un caso legal. Esta decisión puede incluir sentencias, fallos, órdenes judiciales y dictámenes que determinan los derechos y obligaciones de las partes involucradas.

Declaración de culpabilidad: La declaración de culpabilidad es el reconocimiento de haber cometido un delito por parte de la persona acusada. Puede hacerse de forma voluntaria o como resultado de un acuerdo con la fiscalía.

Declaración de herederos: La declaración de herederos es un documento legal que identifica a los herederos de una persona fallecida. Se utiliza para determinar quiénes tienen derecho a heredar los bienes y propiedades del difunto.

Declaración de inocencia: La declaración de inocencia es la afirmación de no haber cometido un delito por parte de la persona acusada. La persona declara que es inocente de los cargos presentados en su contra.

Declaración de insolvencia: La declaración de insolvencia es el reconocimiento de que una persona o entidad no puede cumplir con sus obligaciones financieras y de deuda. Puede ser el primer paso hacia un proceso de quiebra o reestructuración financiera.

Declaración de nulidad: La declaración de nulidad es el reconocimiento de que un acto o contrato es inválido o carece de efecto legal debido a la falta de cumplimiento de requisitos legales o vicios en su formación.

Declaración de parte: La declaración de parte se refiere al testimonio de una de las partes involucradas en un caso legal. Puede ser utilizada como evidencia en un juicio.

Declaración de quiebra: La declaración de quiebra es el reconocimiento de la insolvencia financiera de una entidad o persona. Implica que la entidad o persona no puede pagar sus deudas y busca la protección legal para liquidar o reestructurar sus obligaciones financieras.

Declaración de testigo: La declaración de testigo es el testimonio de una persona que presenció un evento o tiene información relevante en un caso legal. Los testigos proporcionan información bajo juramento en un tribunal.

Declaración del imputado: La declaración del imputado es el testimonio de la persona acusada en un proceso penal. Puede ser utilizado como evidencia y tiene implicaciones legales importantes para la defensa o acusación en un juicio.

Declaración extrajudicial: La declaración extrajudicial se refiere al testimonio o declaración realizada fuera del contexto judicial, generalmente en entrevistas policiales u otras circunstancias. Puede ser utilizado como evidencia en un juicio.

Declaración indagatoria: La declaración indagatoria es el testimonio del acusado en una etapa de investigación en un proceso penal. El acusado responde preguntas sobre los cargos en su contra y puede tener implicaciones legales en el desarrollo del caso.

Decreto de indemnización: Un decreto de indemnización es una decisión que ordena la compensación por daños a una parte perjudicada. Puede ser emitido por una autoridad judicial o administrativa.

Decreto: Un decreto es una decisión emitida por una autoridad gubernamental, como un presidente, gobernador o alcalde. Los decretos pueden tener efectos legales y se utilizan para promulgar políticas y regulaciones.

Defensa del inculpado: La defensa del inculpado se refiere a las acciones legales realizadas para proteger los derechos y argumentar a favor de la inocencia del acusado en un proceso penal.

Defensa: La defensa se refiere a las acciones y argumentos presentados para proteger los intereses de una parte en un caso legal. Puede ser realizada por abogados u otras personas autorizadas para representar a las partes.

Defensor público: Un defensor público es un abogado designado para representar a personas que no tienen los recursos económicos para contratar a un abogado privado. Su función es proporcionar defensa legal a aquellos que no pueden pagar servicios legales.

Delito contra el patrimonio: Un delito contra el patrimonio es un tipo de delito que afecta la propiedad y los bienes de una persona. Ejemplos de estos delitos incluyen el robo, el hurto y el vandalismo.

Delito contra la administración pública: Un delito contra la administración pública es un tipo de delito que involucra corrupción y abuso de poder por parte de funcionarios públicos. Puede incluir actos como la malversación de fondos públicos y el soborno.

Delito contra la libertad sexual: Un delito contra la libertad sexual es un tipo de delito que implica agresiones sexuales y violaciones. Estos delitos violan la integridad sexual de una persona y están sujetos a sanciones legales severas.

Delito contra la propiedad intelectual: Un delito contra la propiedad intelectual es un tipo de delito que infringe los derechos de propiedad intelectual, como el plagio o la piratería de obras protegidas por derechos de autor.

Delito contra la salud pública: Un delito contra la salud pública es un tipo de delito que afecta la salud y el bienestar de la población en general. Puede incluir actividades relacionadas con la venta ilegal de medicamentos, sustancias peligrosas o la contaminación ambiental.

Delito contra la seguridad vial: Un delito contra la seguridad vial es un tipo de delito relacionado con infracciones de tráfico y conducción peligrosa en carreteras y vías públicas. Puede incluir conducir bajo los efectos del alcohol o drogas, exceso de velocidad y otras violaciones de las normas de tráfico.

Delito contra la vida: Un delito contra la vida es un tipo de delito que involucra agresiones o homicidio, es decir, la privación de la vida de una persona de manera ilegal. Estos delitos son considerados los más graves y están sujetos a penas severas.

Delito de abuso de poder: El delito de abuso de poder ocurre cuando una autoridad o persona en una posición de influencia utiliza su poder de manera ilegal o inapropiada para obtener beneficios personales o ventajas indebidas. Esto puede incluir el uso indebido de recursos públicos o la toma de decisiones que favorecen sus intereses personales.

Delito de corrupción: El delito de corrupción se refiere a prácticas ilícitas que implican el uso indebido de influencia, autoridad o recursos públicos para beneficio personal o ganancias ilegales. Puede incluir actos como el soborno, la malversación de fondos y otros comportamientos corruptos.

Delito de extorsión: El delito de extorsión ocurre cuando una persona obtiene algo de alguien mediante amenazas, coacción o presión ilegal. Esto puede incluir amenazas de violencia, chantaje o demandas de dinero a cambio de no causar daño o revelar información perjudicial.

Delito de falsificación: El delito de falsificación implica la acción de crear o alterar documentos falsos con la intención de engañar a otros. Esto puede abarcar desde la falsificación de firmas hasta la creación de documentos fraudulentos, como cheques o contratos.

Delito de fraude: El delito de fraude implica el engaño a alguien con el propósito de obtener beneficios ilegales. Puede involucrar el engaño en transacciones financieras, ventas fraudulentas o representaciones engañosas para obtener ganancias ilícitas.

Delito de homicidio: El delito de homicidio es la acción de quitar la vida a otra persona de manera ilegal. Puede clasificarse en homicidio voluntario (cuando se comete con intención), homicidio involuntario (cuando ocurre sin intención) y homicidio premeditado (cuando se planea previamente).

Delito de lavado de dinero: El delito de lavado de dinero implica la acción de convertir ganancias obtenidas ilegalmente en apariencia de fondos legales. Esto se hace para ocultar el origen ilícito de los fondos y evitar su detección por parte de las autoridades.

Delito de lesiones: El delito de lesiones se refiere a la acción de causar daño físico o mental a otra persona. Puede variar en gravedad, desde lesiones menores hasta lesiones graves o incluso homicidio culposo.

Delito de robo: El delito de robo ocurre cuando alguien toma propiedad ajena con la intención de apropiársela ilegalmente y sin el consentimiento del propietario. Puede implicar el uso de fuerza, intimidación o amenazas.

Delito de secuestro: El delito de secuestro implica la acción de privar ilegalmente a alguien de su libertad, a menudo con la intención de exigir un rescate o para otros fines ilícitos. Puede ser un delito extremadamente grave.

Delito de terrorismo: El delito de terrorismo se refiere a la acción de usar violencia o amenazas graves con el propósito de promover objetivos políticos, ideológicos o religiosos. Los actos terroristas buscan causar miedo y conmoción en la sociedad.

Delito de tráfico de drogas: El delito de tráfico de drogas implica la acción de vender, distribuir o transportar sustancias ilegales, como narcóticos o drogas controladas. Estos delitos están relacionados con la venta y distribución de sustancias prohibidas.

Delito de trata de personas: El delito de trata de personas implica la acción de captar, transportar o recibir a personas, a menudo con engaño o coerción, con fines de explotación. Puede incluir la trata de personas con fines de trabajo forzado, explotación sexual o servidumbre.

Delito de usurpación: El delito de usurpación se refiere a la acción de tomar posesión ilegal de una propiedad ajena sin el permiso del propietario legítimo. También puede involucrar la ocupación ilegal de tierras o inmuebles.

Delito de violencia de género: El delito de violencia de género implica el ejercicio de violencia física, psicológica o emocional basada en el género de la víctima. Suele estar dirigido hacia personas de un género específico y busca controlar o intimidar a la víctima.

Delito doloso: Un delito doloso es aquel cometido con la intención deliberada de causar daño o violar la ley. El autor actúa con conocimiento y voluntad de cometer la acción ilícita.

Delito económico: Un delito económico está relacionado con actividades financieras ilegales, como el fraude financiero, el lavado de dinero o la malversación de fondos. Implica el uso indebido de recursos económicos con fines delictivos.

Delito federal: Un delito federal es aquel que viola las leyes federales de un país. Estos delitos son investigados y enjuiciados por agencias federales y pueden abarcar una amplia gama de conductas ilegales.

Delito financiero: Un delito financiero se refiere a delitos relacionados con actividades económicas fraudulentas, como estafas financieras, manipulación de mercado o falsificación de documentos financieros.

Delito fiscal: Un delito fiscal implica la evasión de impuestos o el incumplimiento de las obligaciones tributarias. Puede incluir la presentación de declaraciones de impuestos falsas o la ocultación de ingresos.

Delito grave: Un delito grave es un delito de mayor gravedad que suele llevar aparejadas sanciones legales más severas. La gravedad se basa en la naturaleza del delito y las penas pueden incluir prisión prolongada.

Delito informático: Un delito informático se comete mediante el uso de tecnologías de la información y la comunicación, como el hacking, la estafa en línea, el robo de identidad o la difusión de malware.

Delito medioambiental: Un delito medioambiental está relacionado con la degradación o daño al medio ambiente, como la contaminación ilegal, la tala ilegal de bosques o el vertido de sustancias tóxicas en cuerpos de agua.

Delito menor: Un delito menor es de menor gravedad que los delitos graves y suele llevar a sanciones legales menos severas. Las penas pueden incluir multas, trabajo comunitario o prisión de corta duración.

Delito patrimonial: Un delito patrimonial se relaciona con la afectación de bienes y propiedades, como el robo, la usurpación, la destrucción de la propiedad o el vandalismo.

Delito penal: Un delito penal es una acción que viola las leyes penales y está sujeta a sanciones legales, que pueden incluir multas, pena de prisión o medidas alternativas.

Delito sexual: Un delito sexual involucra actividades sexuales ilegales, como el acoso sexual, el abuso sexual, la violación o la explotación sexual. Estos delitos violan la integridad sexual de la víctima y están sujetos a sanciones legales severas.

Delito: Un delito es una acción que viola la ley y está sujeta a sanciones legales. Los delitos pueden variar en gravedad y abarcar una amplia gama de conductas prohibidas por la ley.

Demanda civil: Una demanda civil es una acción legal que busca resolver disputas entre individuos o entidades en áreas como el derecho de familia, contratos, propiedad y otros asuntos no penales.

Demanda contenciosa: Una demanda contenciosa es una acción legal que involucra una controversia entre partes y que requiere la intervención de un tribunal para resolverla. Por lo general, implica un conflicto que no puede ser resuelto de manera extrajudicial.

Demanda penal: Una demanda penal es una acción legal que busca enjuiciar un delito. Es presentada por un fiscal o autoridad legal en nombre del estado o gobierno contra un individuo acusado de cometer un delito.

Demanda: Una demanda es una acción legal que inicia un proceso judicial. Es un documento presentado ante un tribunal que establece una reclamación o acusación contra otra parte.

Denegación de justicia: La denegación de justicia es la negativa por parte de una autoridad judicial a otorgar justicia o a tomar medidas legales adecuadas en un caso. Puede ser motivo de recurso o apelación.

Denuncia penal: Una denuncia penal es una información presentada ante las autoridades para enjuiciar un delito. Se refiere específicamente a la acusación de un acto delictivo ante las autoridades judiciales.

Denuncia: Una denuncia es una información o acusación presentada ante las autoridades sobre un posible delito o irregularidad. Puede ser presentada por una víctima, testigo u otra parte interesada.

Derecho de defensa: El derecho de defensa es el derecho de una persona a ser representada legalmente y a defenderse en un proceso legal. Incluye la oportunidad de presentar pruebas, argumentar su caso y tener un abogado.

Derecho de retracto: El derecho de retracto es el derecho de una parte a revocar o cancelar un contrato en determinadas circunstancias. Puede aplicarse en situaciones como la compra de bienes raíces o contratos de compraventa.

Derecho de tanteo: El derecho de tanteo es el derecho de una parte a igualar una oferta realizada por otra parte antes de que se complete una transacción. Se utiliza comúnmente en la venta de propiedades o acciones.

Derechos humanos: Los derechos humanos son garantías fundamentales que protegen la dignidad y libertad de todas las personas. Incluyen derechos como la libertad de expresión, el derecho a un juicio justo y la igualdad ante la ley.

Desacato: El desacato es la desobediencia a una orden judicial o la falta de respeto hacia la autoridad judicial. Puede llevar a sanciones legales, como multas o prisión.

Desafuero: El desafuero es un proceso legal para remover la inmunidad de ciertos funcionarios públicos, lo que les permite ser enjuiciados por delitos cometidos durante su mandato.

Desahogo de pruebas: El desahogo de pruebas es el proceso en un juicio en el que se presentan y evalúan las pruebas presentadas por las partes para respaldar sus argumentos.

Desalojo: El desalojo es una acción legal que busca desalojar a alguien de una propiedad, generalmente debido a una falta de pago de alquiler o una violación de los términos del contrato de arrendamiento.

Desistimiento de la acción: El desistimiento de la acción es la renuncia a continuar con una demanda o acción legal presentada por una parte demandante. Esto pone fin al proceso legal.

Desistimiento de la querella: El desistimiento de la querella es la renuncia a continuar con una acusación penal presentada por una víctima o parte afectada. Pone fin al proceso penal.

Desistimiento: El desistimiento es la renuncia a seguir adelante con un proceso legal o una acción legal en curso. Puede ser presentado por una de las partes involucradas.

Destitución de cargo: La destitución de cargo se refiere a la remoción de un funcionario de su puesto o cargo público. Puede ocurrir como resultado de un juicio político, un proceso legal o una decisión de la autoridad competente.

Detención ilegal: La detención ilegal es la privación de la libertad de una persona sin fundamentos legales adecuados. Es una violación de los derechos humanos y puede dar lugar a acciones legales contra quienes la perpetran.

Detención preventiva: La detención preventiva es la privación de la libertad de una persona antes del juicio, con el propósito de asegurar su comparecencia ante el tribunal y prevenir la fuga o la obstrucción de la justicia.

Detención: La detención es la privación temporal de la libertad de una persona por parte de las autoridades, generalmente por sospecha de cometer un delito.

Determinación de pena: La determinación de pena es el proceso en un caso penal en el que se establece la sentencia o condena que recibirá el acusado si es declarado culpable. Esto puede implicar factores como la gravedad del delito y las circunstancias del acusado.

Dictamen pericial: Un dictamen pericial es la opinión de un experto en un campo específico presentada como prueba en un juicio. Los peritos son llamados a testificar y proporcionar su conocimiento especializado.

Difamación: La difamación es la acción de difundir información falsa que daña la reputación de una persona. Puede ser difamación verbal (calumnia) o difamación escrita (injurias).

Dilación procesal: La dilación procesal se refiere al retraso injustificado en el proceso legal, como la demora en la tramitación de un caso. Puede ser objeto de objeciones y recursos legales.

Diligencia de careo: Una diligencia de careo es un encuentro entre testigos o partes opuestas en un caso legal, con el propósito de aclarar contradicciones en sus declaraciones o testimonios previos.

Diligencia de inspección: Una diligencia de inspección es un examen físico de una propiedad o lugar como parte de un proceso legal. Puede ser realizada por las autoridades judiciales o peritos.

Diligencia de prueba: Una diligencia de prueba es la acción de presentar o recolectar evidencia en un caso legal. Esto puede incluir documentos, testimonios, registros u otros elementos que respalden los argumentos de las partes.

Diligencia de reconocimiento: Una diligencia de reconocimiento implica la identificación de una persona o lugar como parte de una investigación o proceso legal. Puede ser utilizada para establecer hechos relevantes en un caso.

Diligencia judicial: Una diligencia judicial es un procedimiento realizado por un juez o una autoridad judicial en un caso legal. Puede incluir audiencias, vistas judiciales o la emisión de órdenes judiciales.

Diligencia pericial: Una diligencia pericial es una actuación realizada por un perito, un experto en un campo específico, en un proceso legal. Los peritos pueden proporcionar pruebas y opiniones basadas en su experiencia.

Diligencia: Una diligencia es un procedimiento legal llevado a cabo por las autoridades judiciales o las partes involucradas en un caso. Puede incluir la toma de declaraciones, la presentación de pruebas o la inspección de evidencia.

Discriminación: La discriminación es el trato injusto o desigual hacia alguien debido a sus características personales, como la raza, el género, la religión, la orientación sexual o la discapacidad. Puede ser ilegal en muchas jurisdicciones.

Doble instancia: El principio de doble instancia implica el derecho de una parte a apelar una decisión judicial ante una instancia superior después de que se haya emitido una sentencia en primera instancia. Esto permite una revisión adicional del caso.

Doctrina jurisprudencial: La doctrina jurisprudencial se refiere a los principios legales establecidos por decisiones judiciales previas. Estas decisiones pueden servir como precedentes para futuros casos similares y ayudar a interpretar y aplicar la ley.

Documento auténtico: Un documento auténtico es un escrito oficial que se considera genuino y válido. Suele estar respaldado por una autoridad o entidad competente y se utiliza como evidencia en procesos legales.

Documento electrónico: Un documento electrónico es un registro digital utilizado como evidencia en un proceso legal. Puede incluir correos electrónicos, mensajes de texto, registros electrónicos y otros tipos de documentos digitales.

Documento privado: Un documento privado es un escrito que no tiene carácter oficial y que generalmente se establece entre partes privadas. Puede ser un acuerdo entre individuos o entidades y no está respaldado por una autoridad pública.

Documento probatorio: Un documento probatorio es un documento utilizado como prueba en un juicio o proceso legal. Sirve para respaldar las afirmaciones o argumentos de una parte en el caso.

Documento público: Un documento público es un escrito oficial emitido por una autoridad pública o entidad competente. Tiene validez legal y puede incluir certificados de nacimiento, matrimonio, licencias y otros documentos similares.

Dolo directo: El dolo directo es la intención directa y deliberada de cometer un delito. El autor actúa con la certeza de que su acción resultará en un resultado ilegal.

Dolo eventual: El dolo eventual ocurre cuando una persona acepta la posibilidad de que ocurra un resultado ilegal como resultado de sus acciones, aunque no lo desee directamente. Aún puede ser considerado dolo si el autor está dispuesto a aceptar ese resultado.

Dolo indirecto: El dolo indirecto implica que una persona conoce la posibilidad de un resultado ilegal, pero no lo acepta directamente ni lo busca. A menudo se relaciona con la negligencia grave.
Dolo necesario: El dolo necesario es la intención esencial para cometer un delito. Es la intención básica y requerida para la comisión del acto delictivo.

Dolo: El dolo es la intención maliciosa de cometer un acto ilegal. Implica que el autor actúa con conocimiento y voluntad de causar daño o violar la ley.

Domicilio procesal: El domicilio procesal es la dirección legal donde se reciben notificaciones y comunicaciones relacionadas con un proceso legal o caso judicial. Es importante para garantizar que las partes involucradas estén informadas adecuadamente.

Donación: Una donación es la transferencia de propiedad o bienes sin compensación. Puede ser un acto voluntario en el que una persona otorga algo a otra sin esperar nada a cambio.

Duda razonable: La duda razonable es una incertidumbre justificada sobre un hecho o situación en un caso legal. En el contexto de un juicio penal, se utiliza para establecer que la culpabilidad del acusado debe probarse más allá de una duda razonable para lograr una condena.

Dura lex, sed lex: "La ley es dura, pero es la ley." Esta expresión latina se utiliza para enfatizar que la ley, aunque pueda parecer inflexible o rigurosa, debe ser obedecida y respetada en cualquier circunstancia. Refleja la idea de que la justicia y el orden social dependen del cumplimiento de las leyes establecidas, incluso si a veces parecen implacables.

Duración del juicio: Tiempo que lleva completar un proceso legal. La duración del juicio se refiere al período de tiempo que transcurre desde el inicio de un proceso legal, como un juicio o una demanda, hasta su conclusión con una sentencia o un veredicto. Puede variar considerablemente dependiendo de la complejidad del caso, la carga de trabajo del sistema judicial y otros factores.

Ejecución de la sentencia: Cumplimiento de una sentencia por parte de la parte condenada. La ejecución de la sentencia implica llevar a cabo las disposiciones y las consecuencias ordenadas por un tribunal después de que una persona o entidad haya sido condenada en un proceso legal. Esto puede incluir el pago de multas, la entrega de bienes, el cumplimiento de ciertas órdenes, o cualquier otra acción específica que el tribunal haya determinado como parte de la sentencia.

Ejecución forzosa: Medidas tomadas para cumplir una sentencia en contra de la voluntad del condenado. La ejecución forzosa se refiere a la utilización de medidas coercitivas o legales para garantizar que una sentencia sea cumplida, incluso si la parte condenada se muestra reacia a hacerlo de manera voluntaria. Esto puede incluir el embargo de bienes, la detención, o cualquier otro método autorizado por la ley para asegurar el cumplimiento de la sentencia.

Ejecución provisional: Implementación temporal de una sentencia mientras se resuelven apelaciones. La ejecución provisional se lleva a cabo cuando una sentencia es puesta en práctica de manera temporal mientras se espera la resolución de una apelación o recurso presentado contra esa sentencia. Esto permite que algunas disposiciones de la sentencia se apliquen de inmediato, aunque su validez final aún esté pendiente de revisión.

Ejecutoria: Decisión judicial que no puede ser apelada. Una ejecutoria es una decisión judicial que ha alcanzado su estado final y definitivo, lo que significa que no puede ser objeto de apelación o revisión adicional. En otras palabras, es una sentencia que ha agotado todas las instancias legales disponibles y se considera firme y vinculante.

Elementos del delito: Componentes necesarios para considerar un acto como delito. Los elementos del delito son los componentes esenciales y específicos que deben estar presentes en un acto o conducta para que pueda ser considerado un delito bajo la ley. Estos elementos varían según el tipo de delito, pero generalmente incluyen aspectos como la acción criminal, la intención del autor y las circunstancias que rodean el acto.

Emisión de voto: Acto de expresar una decisión en un proceso de toma de decisiones. La emisión de voto se refiere al acto de expresar una decisión, opinión o preferencia en un proceso de toma de decisiones, como una elección, una votación en un órgano legislativo o cualquier otro procedimiento en el que se requiera la participación de personas para tomar una determinación.

Emplazamiento: Notificación oficial de un proceso legal a una parte involucrada. El emplazamiento es una notificación oficial emitida por un tribunal o autoridad competente para informar a una persona o entidad que está siendo involucrada en un proceso legal. El emplazamiento suele contener información sobre la demanda o acción legal en cuestión, así como los plazos y procedimientos a seguir.

Encubrimiento: Ocultar o ayudar a ocultar un delito cometido por otro. El encubrimiento es un delito que implica ocultar, ayudar a ocultar o facilitar la impunidad de una persona que ha cometido un delito. Esto puede incluir acciones como destruir evidencia, proporcionar refugio al delincuente o falsificar testimonios para proteger al culpable. El encubrimiento también puede ser castigado legalmente en muchos sistemas judiciales.

Escrito de reserva de derechos: Documento que establece la reserva de derechos en una situación legal. Un escrito de reserva de derechos es un documento en el que una parte notifica oficialmente su intención de conservar ciertos derechos o acciones legales en una situación particular. Esto puede ser importante para evitar la renuncia inadvertida de derechos legales.

Escrito de reserva: Documento que reserva ciertos derechos o acciones legales para el futuro. Un escrito de reserva es una herramienta legal que se utiliza para asegurar que una parte conserve la posibilidad de ejercer ciertos derechos o tomar acciones legales en el futuro, incluso si actualmente no está tomando medidas activas al respecto.

Escrito de resolución: Documento que comunica una decisión legal. Un escrito de resolución es un documento emitido por una autoridad legal, como un tribunal o una junta administrativa, que comunica una decisión específica en un caso o asunto legal. Puede contener las conclusiones del tribunal y las medidas que deben tomarse.

Escrito de retractación: Documento que retira una declaración previa. Un escrito de retractación es un documento en el cual una persona o entidad retira o rectifica una declaración anterior hecha de manera voluntaria o bajo ciertas circunstancias. Esto puede ser relevante en casos en los que se busca corregir información incorrecta o inexacta.

Escrito de revisión: Documento que inicia un proceso de revisión de una decisión legal. Un escrito de revisión es un documento presentado ante una autoridad superior, como un tribunal de apelaciones, que solicita la revisión de una decisión legal previa. Se utiliza cuando una parte considera que la decisión anterior contiene errores o injusticias.

Escrito de revocación: Documento que revoca una decisión o acción previa. Un escrito de revocación es un documento en el que una persona o entidad anula o cancela una decisión o acción legal que había tomado previamente. Esto puede ser relevante en contratos o acuerdos legales en los que se desea deshacer una acción anterior.

Escrito de sentencia: Documento que presenta la sentencia o fallo en un caso. Un escrito de sentencia es un documento emitido por un tribunal que contiene la decisión final y las disposiciones de una sentencia en un caso legal. Detalla las obligaciones, sanciones o medidas que deben seguirse de acuerdo con la sentencia.

Escrito de sobreseimiento: Documento que presenta una solicitud de sobreseimiento en un caso. Un escrito de sobreseimiento es un documento presentado por una parte en un proceso legal en el que se solicita el sobreseimiento del caso, lo que significa que se pide que se desestimen los cargos o la acción legal debido a la falta de mérito o evidencia insuficiente.

Escrito de solicitud de aclaración: Documento que solicita aclaraciones sobre una decisión legal. Un escrito de solicitud de aclaración es un documento presentado ante un tribunal o autoridad legal en el que se busca aclarar o obtener más información sobre una decisión legal previa que puede no estar clara o completa.

Escrito de solicitud de ampliación: Documento que solicita una ampliación de información. Un escrito de solicitud de ampliación es un documento en el que se pide a una autoridad legal que proporcione información adicional o detalles sobre un asunto legal específico.

Escrito de solicitud de anulación: Documento que solicita la anulación de una acción legal. Un escrito de solicitud de anulación es un documento presentado para solicitar la revocación o la invalidación de una acción legal previamente tomada debido a errores, fraudes o irregularidades.

Escrito de solicitud de apelación: Documento que solicita una apelación ante una instancia superior. Un escrito de solicitud de apelación es un documento en el que una parte que no está satisfecha con una decisión legal busca la revisión de esa decisión por parte de una instancia superior, como un tribunal de apelaciones.

Escrito de solicitud de careo: Documento que solicita un careo entre partes en un proceso legal. Un escrito de solicitud de careo es un documento en el que una parte solicita que se lleve a cabo una confrontación cara a cara entre testigos o partes involucradas en un proceso legal para aclarar o contrastar sus testimonios.

Escrito de solicitud de comparecencia: Documento que solicita la comparecencia de una parte. Un escrito de solicitud de comparecencia es un documento en el que una parte solicita formalmente que otra persona o entidad se presente ante una autoridad legal o tribunal en relación con un asunto específico.

Escrito de solicitud de conciliación: Documento que solicita una conciliación entre partes. Un escrito de solicitud de conciliación es un documento en el que una parte busca la mediación y la resolución amistosa de un conflicto o disputa legal con otra parte, en lugar de recurrir a un juicio.

Escrito de solicitud de diligencia: Documento que solicita la realización de una diligencia legal. Un escrito de solicitud de diligencia es un documento en el que se pide que se realice una investigación o una acción legal específica, como una inspección o una audiencia, como parte de un proceso legal.

Escrito de solicitud de embargo: Documento que solicita el embargo de bienes. Un escrito de solicitud de embargo es un documento en el que una parte solicita formalmente que se embarguen los bienes de otra parte como parte de una medida cautelar o como parte de un proceso para asegurar el cumplimiento de una deuda u obligación legal.

Escrito de solicitud de indemnización: Documento que solicita una indemnización. Un escrito de solicitud de indemnización es un documento en el que una parte busca ser compensada económicamente por daños o perjuicios sufridos como resultado de una acción legal, un incumplimiento de contrato u otra conducta ilícita.

Escrito de solicitud de medidas cautelares: Documento que solicita medidas para proteger los derechos mientras se resuelve un caso. Un escrito de solicitud de medidas cautelares es un documento en el que una parte solicita que se tomen medidas específicas para proteger sus derechos o intereses durante el proceso legal, como una orden de restricción o una congelación de activos.

Escrito de solicitud de nulidad: Documento que solicita la nulidad de una acción legal. Un escrito de solicitud de nulidad es un documento presentado para solicitar que se declare la nulidad de una acción legal previamente tomada debido a vicios legales o irregularidades.

Escrito de solicitud de peritaje: Documento que solicita la realización de un peritaje. Un escrito de solicitud de peritaje es un documento en el que una parte solicita que se realice una evaluación o análisis técnico o pericial de ciertos aspectos de un caso legal, como pruebas de ADN o evaluaciones de propiedad.

Escrito de solicitud de prueba: Documento que solicita la presentación de pruebas en un caso. Un escrito de solicitud de prueba es un documento en el que una parte solicita al tribunal o a la autoridad legal que admita y considere ciertas pruebas, evidencia o testimonios en el proceso legal.

Escrito de solicitud de rectificación: Documento que solicita la corrección de información errónea. Un escrito de solicitud de rectificación es un documento en el que una parte solicita la corrección de información incorrecta o inexacta en un registro o documento legal.

Escrito de solicitud de sobreseimiento: Documento que solicita el sobreseimiento de un caso. Un escrito de solicitud de sobreseimiento es un documento presentado para solicitar la desestimación o el cierre de un caso legal debido a la falta de pruebas, la inexistencia de delito o por otros motivos legales.

Escrito de solicitud de suspensión: Documento que solicita la suspensión de un proceso legal. Un escrito de solicitud de suspensión es un documento en el que una parte solicita que se suspenda temporalmente un proceso legal, posiblemente para dar lugar a negociaciones o para resolver asuntos relacionados antes de continuar con el proceso.

Escrito de solicitud de testigos: Documento que solicita la comparecencia de testigos. Un escrito de solicitud de testigos es un documento en el que una parte solicita la comparecencia de testigos específicos para declarar o presentar testimonio en un caso legal.

Escrito de solicitud: Documento que solicita una acción legal específica. Un escrito de solicitud es un documento en el que una persona o entidad presenta una solicitud formal a una autoridad legal para que se tome una acción específica. Puede abordar una variedad de asuntos legales, desde solicitudes de audiencias hasta peticiones de medidas cautelares.

Escrito de suspensión: Documento que solicita la suspensión temporal de un proceso. Un escrito de suspensión es un documento presentado ante una autoridad legal en el que se solicita la suspensión temporal de un proceso legal, lo que significa que el proceso se detiene por un período de tiempo determinado.

Escrito de sustitución: Documento que presenta una sustitución de una parte en un proceso legal. Un escrito de sustitución es un documento en el que una parte informa al tribunal o la autoridad legal que otra persona o entidad la reemplazará en el proceso legal. Esto puede ocurrir, por ejemplo, en casos de herencia o representación legal.

Escrito de terminación: Documento que presenta la conclusión de un proceso legal. Un escrito de terminación es un documento que se presenta para informar oficialmente al tribunal o a la autoridad legal que un proceso legal ha llegado a su fin y ya no requiere acciones adicionales.

Escrito de trámite: Documento relacionado con los procedimientos legales. Un escrito de trámite es un documento que se refiere a los aspectos administrativos o procesales de un caso legal, como la presentación de documentos, notificaciones o seguimiento de procedimientos.

Escrito de traslado: Documento que notifica a la otra parte sobre una acción legal. Un escrito de traslado es un documento en el que una parte notifica oficialmente a la otra parte sobre una acción legal en curso, como una demanda o una solicitud, permitiéndole responder o defenderse en consecuencia.

Escrito de tutela: Documento que solicita la protección de derechos fundamentales. Un escrito de tutela es un documento legal en el que se solicita la intervención de un tribunal para proteger los derechos fundamentales de una persona o entidad cuando se considera que están siendo vulnerados o amenazados.

Escrito de urgimiento: Documento que presenta una solicitud urgente en un proceso legal. Un escrito de urgimiento es un documento presentado en una situación de emergencia o cuando se requiere una acción inmediata por parte del tribunal o la autoridad legal en un proceso legal.

Escrito de visación: Documento que solicita la revisión o aprobación de una autoridad. Un escrito de visación es un documento en el que una parte solicita la revisión o la aprobación de ciertos aspectos legales por parte de una autoridad competente, como una autoridad gubernamental o regulatoria.

Estafa: Delito que involucra engañar a alguien para obtener beneficios ilegales. La estafa es un delito en el cual una persona engaña a otra con el fin de obtener ventajas financieras o beneficios ilegales. Esto puede incluir el uso de artimañas, engaños o información falsa para inducir a la víctima a realizar una acción perjudicial.

Estas definiciones extendidas proporcionan un mayor contexto y comprensión de los términos legales y judiciales que se han presentado. Cada uno de estos términos juega un papel importante en el funcionamiento del sistema legal y en la administración de justicia en diferentes jurisdicciones.

Estatuto de limitaciones: Ley que establece el período de tiempo en el que se pueden presentar acciones legales. Un estatuto de limitaciones es una ley que establece un período de tiempo específico dentro del cual una persona puede presentar una acción legal o demanda. Una vez que este plazo ha vencido, la persona ya no puede iniciar un proceso legal relacionado con el asunto en cuestión.

Estos son solo algunos ejemplos de los numerosos tipos de contratos que pueden existir en el ámbito legal y comercial, y cada uno de ellos tiene sus propias características y aplicaciones específicas. Los contratos son fundamentales para establecer y regular relaciones legales y comerciales, garantizando el cumplimiento de obligaciones y derechos de todas las partes involucradas.

Estupro: Delito sexual que involucra relaciones sexuales con una persona menor de edad. El estupro es un delito sexual que implica tener relaciones sexuales con una persona que es menor de la edad legal de consentimiento sexual, incluso si el acto fue consensuado. Las leyes varían en cuanto a la edad de consentimiento en diferentes jurisdicciones.

Excepción: Argumento legal que impugna la admisibilidad de una demanda. Una excepción es un argumento legal presentado por una parte en un proceso legal para impugnar la admisibilidad o la validez de una demanda o una acción legal. Puede basarse en una variedad de razones legales, como la falta de mérito de la demanda o la incompetencia del tribunal.

Eximentes: Circunstancias que excluyen la culpabilidad de una persona en un delito. Las eximentes son circunstancias o defensas legales que pueden excluir o eximir a una persona de la responsabilidad o culpabilidad en un delito. Estas circunstancias pueden incluir la legítima defensa, la coacción o el estado de necesidad, entre otros.

Expediente: Conjunto de documentos y evidencia relacionados con un caso legal. Un expediente es un conjunto organizado de documentos, evidencia y registros relacionados con un caso legal específico. Estos registros son utilizados por las partes involucradas y el tribunal como referencia y evidencia durante el proceso legal.

Extradición: Proceso legal de entregar a una persona acusada de un delito a otra jurisdicción. La extradición es el proceso legal en el que una persona acusada de un delito en una jurisdicción es entregada o transferida a otra jurisdicción para enfrentar cargos o comparecer ante la justicia en esa jurisdicción. Este proceso implica la cooperación entre diferentes países o estados.

Facultades procesales: Las facultades procesales son los poderes y autoridades otorgados por la ley a las partes involucradas en un proceso legal. Esto incluye el derecho de presentar pruebas, el derecho a un juicio justo, el derecho a ser representado por un abogado, el derecho a interrogar testigos y muchas otras prerrogativas que garantizan un proceso legal justo y equitativo.

Fallo absolutorio: Fallo que absuelve al acusado de los cargos. Un fallo absolutorio es una decisión emitida por un tribunal que declara al acusado como no culpable de los cargos presentados en su contra. Esto significa que el acusado es absuelto de responsabilidad penal y no enfrenta sanciones o condena.

Fallo condenatorio: Fallo que encuentra al acusado culpable y establece la condena. Un fallo condenatorio es una decisión emitida por un tribunal que encuentra al acusado culpable de los cargos presentados en su contra. En este caso, el tribunal también puede establecer la pena o sanción que debe cumplir el acusado.

Fallo inapelable: Decisión legal que no puede ser apelada. Un fallo inapelable es una decisión emitida por un tribunal que no puede ser impugnada o apelada ante una instancia judicial superior. En algunos casos, ciertas decisiones legales, como las absoluciones o ciertas resoluciones preliminares, pueden considerarse inapelables.

Fallo: Decisión final de un tribunal en un caso legal. Un fallo es la decisión final emitida por un tribunal o un juez en un caso legal después de considerar todas las pruebas, argumentos y la ley aplicable. El fallo puede dictaminar si el acusado es culpable o inocente y, en caso de culpabilidad, puede establecer la condena.

Falso testimonio: Delito que involucra dar testimonio falso bajo juramento. El falso testimonio es un delito que ocurre cuando una persona proporciona información falsa o engañosa mientras presta juramento o declaración bajo juramento, ya sea en un tribunal, una audiencia legal o en un procedimiento oficial. Este acto puede ser considerado perjurio y puede tener consecuencias legales graves.

Fase de aclaración: Etapa en un proceso legal donde se aclaran aspectos específicos. La fase de aclaración es una etapa en un proceso legal en la que las partes pueden solicitar aclaraciones o detalles adicionales sobre aspectos específicos del caso. Esto puede incluir preguntas adicionales o la presentación de evidencia para esclarecer puntos ambiguos o controvertidos.

Fase de alegatos: Etapa en la que las partes presentan sus argumentos finales. La fase de alegatos es una etapa en un proceso legal en la que las partes involucradas presentan sus argumentos finales ante el tribunal. En esta etapa, las partes resumen su posición, presentan evidencia y hacen argumentos para persuadir al tribunal de adoptar su punto de vista.

Fase de apelación: Etapa en la que se presenta una apelación a una decisión. La fase de apelación es una etapa en un proceso legal en la que una parte inconforme con una decisión legal previa presenta una apelación ante una instancia superior. Durante esta etapa, se revisa la legalidad y la corrección de la decisión anterior.

Fase de arbitraje: Etapa en la que se resuelven disputas a través de un árbitro. La fase de arbitraje es una etapa en la que las partes involucradas en un conflicto legal optan por resolver sus disputas a través de un árbitro neutral en lugar de recurrir a un tribunal. El árbitro emite una decisión vinculante que resuelve la disputa.

Fase de casación: Etapa en la que se revisa una sentencia en busca de errores legales. La fase de casación es una etapa en un proceso legal en la que se revisa una sentencia o decisión previa para determinar si se cometieron errores legales durante el proceso. Se busca corregir o anular la sentencia si se encuentran errores sustanciales.

Fase de conciliación: Etapa en la que las partes buscan un acuerdo amistoso. La fase de conciliación es una etapa en un proceso legal en la que las partes involucradas buscan resolver el conflicto de manera amistosa y llegar a un acuerdo mutuamente aceptable, evitando así un juicio completo.

Fase de conclusión: Etapa final de un proceso legal. La fase de conclusión es la última etapa en un proceso legal en la que se llega a una decisión final, se emite un fallo o sentencia, y se resuelven los asuntos pendientes antes de dar por concluido el caso.

Fase de debate: Etapa en la que las partes presentan sus argumentos y evidencia. La fase de debate es una etapa en un proceso legal en la que las partes presentan sus argumentos, pruebas y evidencia ante el tribunal o el jurado. Es una oportunidad para persuadir al tribunal de su posición en el caso.

Fase de deliberación: Etapa en la que el tribunal considera la evidencia y decide. La fase de deliberación es una etapa en un proceso legal en la que el tribunal o el jurado considera la evidencia presentada durante el juicio y llega a una decisión basada en la ley y los hechos del caso.

Fase de ejecución: Etapa en la que se implementa una sentencia. La fase de ejecución es una etapa en un proceso legal en la que se lleva a cabo la sentencia o fallo emitido por el tribunal. Implica asegurarse de que las medidas ordenadas por el tribunal se cumplan de manera efectiva.

Fase de fallo: Etapa en la que se emite una decisión final. La fase de fallo es una etapa en un proceso legal en la que el tribunal emite su decisión final, que puede ser un fallo absolutorio o condenatorio. En esta etapa, se establecen las consecuencias legales para el acusado.

Fase de impugnación: Etapa en la que se presentan recursos contra una decisión. La fase de impugnación es una etapa en un proceso legal en la que las partes pueden presentar recursos legales, como apelaciones o impugnaciones, contra una decisión o sentencia previa que consideran incorrecta o injusta.

Fase de incidentes: Etapa en la que se manejan asuntos incidentales en un caso. La fase de incidentes es una etapa en un proceso legal en la que se abordan y resuelven asuntos incidentales o secundarios que surgen durante el curso del caso. Estos asuntos pueden incluir objeciones, solicitudes de pruebas o disputas sobre procedimientos.

Fase de instrucción: Etapa en la que se recopila evidencia y se prepara el caso. La fase de instrucción es una etapa inicial en un proceso legal en la que se recopila evidencia, se entrevistan a testigos y se prepara el caso para el juicio. Es una etapa importante para la preparación de las partes.

Fase de juicio: Etapa en la que se lleva a cabo el juicio propiamente dicho. La fase de juicio es una etapa en un proceso legal en la que se celebra el juicio ante el tribunal o el jurado. Aquí se presentan pruebas, se escuchan argumentos y se decide la culpabilidad o inocencia del acusado.

Fase de liquidación: Etapa en la que se calculan las indemnizaciones o pagos debidos. La fase de liquidación es una etapa en un proceso legal en la que se calculan las indemnizaciones, compensaciones o pagos que una parte puede deber a otra como resultado de una sentencia o acuerdo legal.

Fase de mediación: Etapa en la que las partes buscan resolver el conflicto con la ayuda de un mediador. La fase de mediación es una etapa en un proceso legal en la que las partes en disputa buscan resolver sus diferencias con la ayuda de un mediador neutral. El mediador facilita la comunicación y la negociación para llegar a un acuerdo.

Fase de negociación: Etapa en la que las partes negocian los términos de un acuerdo. La fase de negociación es una etapa en un proceso legal en la que las partes involucradas negocian y discuten los términos de un acuerdo o una solución amistosa para resolver el conflicto.

Fase de notificación: Etapa en la que se comunica oficialmente una decisión o acción. La fase de notificación es una etapa en un proceso legal en la que se comunica oficialmente una decisión judicial, una acción legal o una citación a las partes involucradas. Esto asegura que las partes estén informadas y puedan responder adecuadamente.

Fase de presentación: Etapa en la que se presentan pruebas y argumentos. La fase de presentación es una etapa en un proceso legal en la que las partes presentan pruebas, argumentos y evidencia ante el tribunal o el jurado para respaldar sus posiciones en el caso.

Fase de prueba: Etapa en la que se presentan pruebas para respaldar los argumentos. La fase de prueba es una etapa en un proceso legal en la que las partes presentan pruebas, testimonios y evidencia con el propósito de respaldar sus argumentos y demostrar su caso ante el tribunal.

Fase de recursos: Etapa en la que se presentan y resuelven recursos legales. La fase de recursos es una etapa en un proceso legal en la que las partes pueden presentar recursos legales, como apelaciones o mociones, ante el tribunal para revisar decisiones o sentencias previas.

Fase de resolución: Etapa en la que se toma una decisión final sobre el caso. La fase de resolución es una etapa en un proceso legal en la que se llega a una decisión final sobre el caso. Puede involucrar un fallo del tribunal, un acuerdo entre las partes o la desestimación del caso.

Fase de revisión: Etapa en la que se revisa una decisión anterior. La fase de revisión es una etapa en un proceso legal en la que se revisa una decisión legal previa, ya sea para corregir errores legales o para considerar nuevos hechos o evidencia.

Fase de sentencia: Etapa en la que se emite una sentencia o fallo. La fase de sentencia es una etapa en un proceso legal en la que el tribunal emite una sentencia o fallo que establece las consecuencias legales para el acusado o las partes involucradas.

Fase de suspensión: Etapa en la que se suspende temporalmente un proceso. La fase de suspensión es una etapa en un proceso legal en la que se suspende temporalmente el proceso legal por una variedad de razones, como la espera de nuevos desarrollos o negociaciones entre las partes.

Fase de votación: Etapa en la que los jueces emiten su voto para tomar una decisión. La fase de votación es una etapa en un proceso legal en la que los jueces o miembros del jurado emiten sus votos y opiniones para tomar una decisión final en el caso.

Fase preliminar: Etapa inicial de un proceso legal. La fase preliminar es la etapa inicial en un proceso legal en la que se inicia el caso, se presentan las demandas o las acusaciones iniciales, y se llevan a cabo procedimientos iniciales para preparar el caso para su desarrollo posterior.

Feminicidio: Delito que involucra el asesinato de una mujer por razones de género. El feminicidio es un delito que implica el asesinato de una mujer debido a su género. Es un crimen de odio que se comete contra las mujeres debido a prejuicios de género y discriminación, y se considera una forma extrema de violencia de género.

Fianza: Pago o garantía para asegurar la comparecencia de una persona en un proceso legal. La fianza es un pago o una garantía que una persona debe proporcionar al tribunal como una forma de asegurar que comparecerá en las audiencias judiciales y cumplirá con las condiciones de su liberación mientras está bajo proceso legal. La fianza puede ser devuelta una vez que se cumplan los requisitos legales.

Flagrancia: Situación en la que alguien es detenido en el acto de cometer un delito. La flagrancia es una situación en la que una persona es detenida y arrestada en el acto de cometer un delito. Esta detención se basa en pruebas o evidencia directa de la comisión del delito mientras ocurre.

Fondo del asunto: Aspecto central o sustancial de un caso legal. El fondo del asunto se refiere al aspecto central o sustancial de un caso legal, que involucra los hechos, las cuestiones legales y las disputas fundamentales en juego. En contraposición a cuestiones procesales o técnicas, el fondo del asunto es lo que realmente se trata en el caso.

Fraude procesal: Manipulación o falsificación de evidencia en un proceso legal. El fraude procesal se refiere a la manipulación o falsificación de evidencia, documentos o testimonios en el contexto de un proceso legal. Esta acción ilícita tiene como objetivo influir en el resultado del proceso de manera injusta o deshonesta.

Fraude: Delito que involucra engañar a alguien para obtener beneficios ilegales. El fraude es un delito que implica engañar o inducir a error a alguien con el propósito de obtener ganancias o beneficios ilegales. Esto puede incluir engañar a una persona para obtener dinero, propiedades u otros recursos de manera fraudulenta.

Fuentes del derecho: Orígenes de las leyes y principios legales. Las fuentes del derecho son los orígenes de las leyes y principios legales que rigen una sociedad. Estas fuentes pueden incluir la legislación, la jurisprudencia (decisiones judiciales), la costumbre y los tratados internacionales. Las fuentes del derecho varían según la jurisdicción y el sistema legal de cada país.

Fuerza mayor: Circunstancias imprevisibles que impiden el cumplimiento de un contrato. La fuerza mayor se refiere a circunstancias imprevisibles y fuera del control de las partes que hacen que sea imposible cumplir con las obligaciones de un contrato. Estas circunstancias pueden incluir desastres naturales, conflictos armados o eventos catastróficos que impiden el cumplimiento de los términos del contrato.

Fuerzas de seguridad: Organismos encargados de mantener la seguridad y el orden público. Las fuerzas de seguridad son organismos gubernamentales encargados de mantener la seguridad, el orden público y la aplicación de la ley en una sociedad. Esto puede incluir agencias de policía, fuerzas armadas y otras instituciones encargadas de garantizar la seguridad y proteger a los ciudadanos.

Funcionario judicial: Persona que trabaja en el sistema judicial y desempeña funciones administrativas o judiciales. Un funcionario judicial es una persona que trabaja en el sistema judicial y puede desempeñar diversas funciones, tanto administrativas como judiciales. Esto incluye jueces, magistrados, secretarios judiciales, abogados y otros profesionales que participan en la administración de justicia.

Fungibilidad de recursos: Posibilidad de sustituir un recurso legal por otro en ciertos casos. La fungibilidad de recursos se refiere a la capacidad de sustituir un recurso legal por otro cuando sea necesario o apropiado en ciertas circunstancias. Esto puede aplicarse a bienes, activos financieros o derechos legales que pueden utilizarse de manera intercambiable en ciertos contextos legales.

Garantía de audiencia: Derecho de una parte a ser escuchada y presentar argumentos en un proceso legal. La garantía de audiencia es un principio legal que garantiza que todas las partes involucradas en un proceso legal tengan el derecho de ser escuchadas, presentar argumentos y defender sus intereses ante un tribunal imparcial. Este derecho es fundamental para asegurar un debido proceso justo.

Garantía procesal: Protecciones legales que aseguran un debido proceso en el sistema judicial. Las garantías procesales son protecciones legales que garantizan un debido proceso justo en el sistema judicial. Estas garantías incluyen el derecho a un juicio imparcial, el derecho a la defensa, el derecho a un abogado, el derecho a un juicio rápido y otras salvaguardias para proteger los derechos de las partes en un proceso legal.

Habeas corpus: Recurso legal que busca la liberación de alguien detenido ilegalmente. El habeas corpus es un recurso legal que permite a una persona detenida ilegalmente presentar una petición ante un tribunal para obtener su liberación. El objetivo principal del habeas corpus es garantizar la libertad personal y proteger a las personas contra detenciones arbitrarias o ilegales.

Habeas data: Derecho de una persona a acceder y corregir información almacenada sobre ella. El habeas data es el derecho de una persona a acceder, rectificar o eliminar información que se encuentra almacenada en bases de datos o registros, especialmente cuando esa información se refiere a su propia persona. Este derecho se relaciona con la privacidad y la protección de datos personales.

Homicidio: Delito que involucra matar a otra persona. El homicidio es un delito grave que implica la acción de matar a otra persona de manera ilegal. Puede haber distintas categorías de homicidio, como el homicidio voluntario, involuntario, premeditado o culposo, dependiendo de las circunstancias y la intención del autor.

Imputado: Persona acusada de cometer un delito en un proceso legal. Un imputado es una persona que ha sido formalmente acusada de cometer un delito en el marco de un proceso legal. El imputado tiene el derecho a defenderse y a ser considerado inocente hasta que se demuestre su culpabilidad más allá de una duda razonable en un juicio.

In dubio pro reo: Principio legal que favorece al acusado en caso de duda. El principio "in dubio pro reo" es una regla legal que establece que, en caso de duda o ambigüedad en la interpretación de la ley o la evidencia en un proceso legal, se debe favorecer al acusado. Esto significa que se debe considerar al acusado como inocente hasta que se pruebe su culpabilidad más allá de una duda razonable.

Inculpado: Persona acusada o imputada en un caso penal. El inculpado es una persona que ha sido acusada o imputada en un caso penal. Esta persona puede enfrentar cargos penales y debe comparecer ante un tribunal para defenderse de las acusaciones en su contra.

Indagatoria: Declaración en la que una persona responde preguntas sobre su posible participación en un delito. La indagatoria es una declaración realizada por una persona en la que responde preguntas sobre su posible participación en un delito. Por lo general, se lleva a cabo bajo juramento y puede ser utilizada como evidencia en un proceso legal.

Indulto: Perdón otorgado por una autoridad que conmuta una pena. El indulto es un perdón otorgado por una autoridad gubernamental que conmuta o perdona una pena o condena impuesta a una persona condenada por un delito. El indulto puede ser total o parcial y tiene el efecto de liberar al condenado de su pena.

Inhabilitación: Prohibición temporal o permanente de ejercer ciertas actividades o funciones. La inhabilitación es una sanción legal que impone la prohibición temporal o permanente de ejercer ciertas actividades, profesiones o funciones a una persona como resultado de un delito o mala conducta. Puede incluir la inhabilitación para ocupar cargos públicos, ejercer una profesión o poseer ciertos derechos.

Inimputabilidad: Situación en la que una persona no puede ser considerada penalmente responsable debido a su estado mental. La inimputabilidad se refiere a la situación en la que una persona no puede ser considerada penalmente responsable de sus acciones debido a un trastorno mental o enfermedad mental que afecta su capacidad de comprender la ilicitud de sus acciones. En tales casos, la persona puede ser sometida a evaluación y tratamiento en lugar de enfrentar cargos penales.

Instrucción del proceso: Etapa en la que se recopila evidencia y se prepara el caso para el juicio. La instrucción del proceso es una etapa en un proceso legal en la que se recopila evidencia, se entrevistan a testigos y se prepara el caso para el juicio. Durante esta etapa, las partes reúnen pruebas y argumentos que serán presentados ante el tribunal en el juicio.

Interrogatorio: Proceso en el que se hacen preguntas a una parte o testigo en un caso legal. El interrogatorio es el proceso en el que se hacen preguntas a una parte, testigo o persona involucrada en un caso legal con el fin de obtener información relevante para el proceso. Puede ocurrir tanto en la fase de instrucción como en el juicio y es una parte fundamental del proceso de recolección de pruebas.

Intervención de terceros: Participación de terceros en un proceso legal. La intervención de terceros se refiere a la participación de personas o entidades que no son las partes principales en un proceso legal, pero que tienen un interés legítimo en el resultado del caso. Estos terceros pueden intervenir para proteger sus derechos o intereses en el proceso.

Intervención judicial: Acción del juez en un proceso legal. La intervención judicial se refiere a las acciones y decisiones tomadas por el juez en un proceso legal para administrar justicia y garantizar un procedimiento legal adecuado. Esto puede incluir la admisión de pruebas, la toma de decisiones sobre cuestiones procesales y la emisión de sentencias.

Juez de amparo: Juez encargado de los procesos de amparo en algunas jurisdicciones. El juez de amparo es un tipo de juez que se encarga de supervisar y decidir sobre los casos de amparo en jurisdicciones donde este recurso legal está disponible. El amparo es un mecanismo legal que protege los derechos fundamentales de las personas contra actos de autoridades gubernamentales.

Juez de competencia múltiple: Juez que tiene competencia sobre varios tipos de casos. Un juez de competencia múltiple es un juez que tiene la autoridad y competencia para conocer y decidir sobre una amplia gama de casos legales, en lugar de estar limitado a un área de especialización específica.

Juez de conocimiento: Juez que lleva a cabo el juicio y emite una sentencia. El juez de conocimiento es el juez que preside el juicio en un caso legal y toma decisiones sobre la admisión de pruebas, la interpretación de la ley y la emisión de sentencias. Es responsable de garantizar un juicio justo y adecuado.

Juez de control de acusación: Juez que supervisa el proceso de acusación en algunos sistemas legales. El juez de control de acusación es un juez que supervisa y revisa el proceso de acusación en algunos sistemas legales. Su función es asegurar que las acusaciones se presenten de manera adecuada y que se respeten los derechos de las partes involucradas.

Juez de control de constitucionalidad: Juez que revisa la constitucionalidad de leyes y actos. El juez de control de constitucionalidad es un juez que tiene la responsabilidad de revisar y decidir sobre la constitucionalidad de leyes, regulaciones y actos gubernamentales. Su función es garantizar que las normas legales cumplan con la Constitución.

Juez de control de ejecución: Juez que supervisa la ejecución de sentencias y medidas. El juez de control de ejecución es un juez encargado de supervisar la ejecución de sentencias judiciales y la aplicación de medidas ordenadas por el tribunal. Su función es asegurar que las decisiones del tribunal se cumplan de manera adecuada.

Juez de control de garantías: Juez que protege los derechos de las partes en un proceso. El juez de control de garantías es un juez cuya función principal es proteger los derechos fundamentales de las partes involucradas en un proceso legal. Esto incluye asegurarse de que se respeten los derechos de defensa, el debido proceso y otras garantías legales.

Juez de control de legalidad: Juez que verifica la legalidad de los actos administrativos. El juez de control de legalidad es un juez que verifica la legalidad de los actos administrativos emitidos por las autoridades gubernamentales. Su función es garantizar que los actos administrativos estén de acuerdo con la ley y que no violen los derechos de los ciudadanos.

Juez de control: Juez encargado de supervisar el proceso y garantizar el cumplimiento de la ley. El juez de control es un juez que se encarga de supervisar el proceso legal, garantizar el cumplimiento de las normas legales y tomar decisiones sobre cuestiones procesales en un caso. Su función es asegurar que el proceso se desarrolle de manera justa y de acuerdo con la ley.

Juez de ejecución de penas: Juez encargado de supervisar el cumplimiento de las penas impuestas. El juez de ejecución de penas es un juez que supervisa el cumplimiento de las penas impuestas a personas condenadas por delitos. Esto incluye la supervisión de prisioneros en establecimientos penitenciarios y la aplicación de medidas de rehabilitación o libertad condicional.

Juez de ejecución penal: El juez de ejecución penal es un magistrado altamente especializado cuya responsabilidad principal es supervisar y garantizar el cumplimiento de las penas y medidas impuestas a personas condenadas por delitos. Este proceso va más allá de la simple privación de la libertad, ya que implica evaluar el progreso de la rehabilitación del condenado y asegurarse de que las condiciones de reclusión sean adecuadas y humanas. Además, el juez de ejecución penal puede otorgar beneficios como la libertad condicional o anticipada cuando se cumplen ciertos requisitos, contribuyendo así a la reintegración del individuo en la sociedad.

Juez de enjuiciamiento: El juez de enjuiciamiento es un magistrado fundamental en el sistema de justicia penal, ya que tiene la tarea de llevar adelante el proceso de enjuiciamiento y determinar la culpabilidad o inocencia de una persona acusada de un delito. Este proceso incluye la presentación de pruebas, la escucha de testigos y argumentos legales, y la emisión de una sentencia basada en el derecho y la evidencia presentada en el juicio. El juez de enjuiciamiento debe ser imparcial y objetivo, garantizando así un juicio justo y equitativo.

Juez de enlace: El juez de enlace desempeña un papel crucial como intermediario entre distintos tribunales o jurisdicciones en casos que requieren coordinación. Su función es facilitar la comunicación y la cooperación entre diferentes instancias judiciales para asegurar que un caso se maneje de manera eficiente y que se respeten los procedimientos legales adecuados. Esta labor es esencial en situaciones complejas que involucran múltiples jurisdicciones o áreas de competencia legal.

Juez de familia: Juez que se ocupa de casos relacionados con el derecho de familia. El juez de familia es un juez especializado en casos relacionados con el derecho de familia, como divorcios, custodia de menores, pensión alimenticia y otros asuntos familiares. Su función es tomar decisiones que protejan los derechos y el bienestar de los miembros de la familia.

Juez de garantías penales: El juez de garantías penales desempeña un papel esencial en el sistema de justicia al asegurar el respeto a los derechos fundamentales durante el proceso penal. Este magistrado evalúa la legalidad de las detenciones, las medidas cautelares y otros aspectos relacionados con el debido proceso. Su función es proteger los derechos individuales de los acusados y garantizar que se sigan los procedimientos legales adecuados, contribuyendo así a la integridad y la imparcialidad del sistema de justicia penal.

Juez de instrucción: El juez de instrucción es un magistrado encargado de dirigir la fase de investigación en un proceso penal. Su responsabilidad principal es recopilar pruebas, interrogar a testigos y determinar si existe suficiente evidencia para llevar a juicio a una persona acusada de cometer un delito. En esta etapa, el juez de instrucción juega un papel clave en la recopilación de información esencial que sustente la acusación y garantice un proceso penal justo y equitativo.

Juez de instrucción: Juez encargado de la fase de instrucción de un proceso legal. El juez de instrucción es un juez que supervisa la fase de instrucción de un proceso legal, donde se recopila evidencia y se prepara el caso para el juicio. Su función incluye tomar decisiones sobre la admisión de pruebas y el procesamiento de la evidencia.

Juez de investigación preparatoria: El juez de investigación preparatoria se especializa en supervisar la etapa de investigación en un proceso penal. Su función consiste en revisar las pruebas recopiladas, evaluar la solidez de la acusación y determinar si es apropiado llevar a cabo el enjuiciamiento. Este magistrado desempeña un papel fundamental al garantizar que se cumplan todos los requisitos legales antes de que un caso avance a la fase de juicio, asegurando así la calidad y la integridad del proceso penal.

Juez de juicio oral: El juez de juicio oral preside el juicio oral y público en el que se presentan las pruebas y argumentos para determinar la culpabilidad o inocencia del acusado. Es responsable de garantizar que el juicio se desarrolle de manera justa y que todas las partes tengan la oportunidad de presentar sus casos. Su rol incluye tomar decisiones sobre la admisibilidad de las pruebas, mantener el orden en la sala del tribunal y emitir una sentencia basada en el derecho y la evidencia presentada durante el juicio.

Juez de juicio: Juez que preside el juicio en un caso legal. El juez de juicio es el juez que preside el juicio en un caso legal, toma decisiones sobre las objeciones, la admisión de pruebas y emite la sentencia final. Su papel es garantizar que el juicio se desarrolle de manera justa y que se cumpla la ley.

Juez de lo agrario: El juez de lo agrario es un magistrado altamente especializado en resolver conflictos relacionados con temas agrarios y rurales. Su función es crucial en la protección de los derechos de propiedad y el uso de la tierra en áreas rurales, donde los asuntos de tenencia de tierras, límites de propiedades y disputas agrícolas son comunes. Este juez aplica el derecho agrario y trabaja para garantizar un equilibrio entre los intereses de los propietarios y las comunidades rurales.

Juez de lo civil: El juez de lo civil es un magistrado encargado de resolver litigios de carácter civil, que involucran relaciones entre particulares. Su labor se centra en casos que no son de naturaleza penal, como disputas contractuales, divorcios, reclamaciones de daños y perjuicios, y otros asuntos relacionados con el derecho civil. Este juez aplica las leyes civiles y busca resolver conflictos de manera justa y equitativa, considerando los derechos y las responsabilidades de las partes involucradas.

Juez de lo constitucional: El juez de lo constitucional es un magistrado que desempeña un papel fundamental en la preservación del ordenamiento jurídico y la protección de los derechos fundamentales. Su tarea principal es evaluar la conformidad de las leyes y actos gubernamentales con la Constitución. En su labor, este juez garantiza que ninguna norma legal viole los principios y derechos consagrados en la Constitución, contribuyendo así a mantener el estado de derecho y la democracia.

Juez de lo contencioso-administrativo: El juez de lo contencioso-administrativo es un magistrado especializado en resolver controversias entre los ciudadanos y la administración pública. Su labor se centra en casos en los que se cuestiona la legalidad de las decisiones y acciones de las autoridades gubernamentales. Este juez tiene la responsabilidad de garantizar que la administración pública actúe de conformidad con la ley y proteger los derechos de los ciudadanos frente a acciones gubernamentales indebidas.

Juez de lo familiar: El juez de lo familiar se encarga de atender asuntos relacionados con el derecho familiar, como divorcios, custodias de menores, pensiones alimenticias y adopciones. Su labor se centra en resolver conflictos y tomar decisiones que afectan las relaciones familiares y el bienestar de los menores. Este magistrado trabaja para garantizar que se protejan los derechos de todos los miembros de la familia y que se lleguen a acuerdos justos y equitativos en situaciones familiares difíciles.

Juez de lo laboral: El juez de lo laboral es un magistrado especializado en resolver disputas laborales entre empleadores y empleados. Su función es aplicar las leyes laborales y asegurarse de que se respeten los derechos laborales de los trabajadores. Este juez aborda asuntos como despidos injustificados, reclamaciones de salarios no pagados, condiciones laborales inseguras y otros problemas relacionados con el empleo. Su objetivo es garantizar que se alcancen soluciones justas y equitativas en el ámbito laboral.

Juez de lo mercantil: El juez de lo mercantil se especializa en resolver asuntos relacionados con el derecho comercial y empresarial. Su labor se enfoca en casos que involucran disputas comerciales, quiebras, contratos empresariales, propiedad intelectual y otros aspectos del derecho mercantil. Este magistrado aplica las leyes comerciales y contribuye a la resolución de conflictos que afectan a empresas y comerciantes, promoviendo así la estabilidad y la integridad en el ámbito empresarial.

Juez de lo penal: El juez de lo penal es un magistrado que preside juicios penales y dicta sentencias en casos de delitos. Su función es crucial en la aplicación de la ley penal, ya que se encarga de determinar la culpabilidad o inocencia de los acusados y de imponer las penas correspondientes en caso de condena. Este juez garantiza que se sigan los procedimientos legales adecuados y que se haga justicia en casos de naturaleza penal.

Juez de menores: El juez de menores se especializa en casos que involucran a menores de edad. Su labor se centra en garantizar el bienestar de los menores y tomar decisiones que se ajusten a sus necesidades y derechos. Este magistrado maneja asuntos como delitos juveniles, adopciones, custodias y medidas de protección para menores en situaciones de riesgo. Su objetivo es equilibrar la justicia con la rehabilitación y el apoyo a los jóvenes infractores.

Juez de menores: Juez que se ocupa de casos relacionados con menores de edad. El juez de menores es un juez especializado en casos que involucran a menores de edad, como delincuencia juvenil, adopciones, custodia y protección de menores en situaciones de riesgo. Su función es proteger los derechos y el bienestar de los menores.

Juez de paz comunitario: El juez de paz comunitario es un magistrado que atiende asuntos legales en comunidades locales y promueve la resolución de conflictos de manera pacífica. Su labor se basa en trabajar directamente con las comunidades para abordar problemas y disputas a nivel local. Estos jueces tienen un profundo conocimiento de las dinámicas sociales y culturales de sus comunidades y desempeñan un papel vital en la prevención y resolución de conflictos en entornos comunitarios.

Juez de paz: El juez de paz es un magistrado encargado de resolver disputas menores y asuntos legales de menor envergadura. Su función es agilizar la resolución de conflictos cotidianos en comunidades locales y proporcionar una vía de acceso rápido y accesible a la justicia. Los jueces de paz suelen tratar asuntos como disputas vecinales, problemas de propiedad y otros conflictos de menor magnitud, contribuyendo así a la paz y la armonía en las comunidades.

Juez de paz: Juez que se encarga de asuntos legales menores y resolución de conflictos locales. El juez de paz es un juez que se ocupa de asuntos legales de menor importancia y de la resolución de conflictos en comunidades locales. Su función es facilitar la solución de disputas de manera rápida y efectiva en el ámbito local.

Juez de primera instancia: El juez de primera instancia es un magistrado encargado de resolver casos en su primera instancia, es decir, en la etapa inicial del proceso legal. Su función es evaluar la evidencia, escuchar argumentos legales y emitir decisiones en casos que no han sido apelados o revisados por tribunales superiores. Este juez es el primero en abordar un asunto legal y su sentencia puede ser revisada en instancias posteriores.

Juez de primera instancia: Juez que conoce casos en su etapa inicial antes de ser apelados. El juez de primera instancia es un juez que conoce casos en su etapa inicial antes de que sean apelados a tribunales superiores. Su función es tomar decisiones preliminares y emitir fallos en casos legales antes de que sean revisados en instancias superiores.

Juez de segunda instancia: El juez de segunda instancia es un magistrado que revisa y decide apelaciones de decisiones tomadas en primera instancia. Su función es analizar los argumentos presentados por las partes en el proceso y determinar si la decisión del juez de primera instancia fue correcta o si requiere modificaciones. Este juez contribuye a la revisión y la justicia en el sistema legal al ofrecer una oportunidad de apelación a las partes disconformes con las decisiones originales.

Juez de tercera instancia: El juez de tercera instancia es un magistrado que revisa y decide apelaciones de decisiones tomadas en segunda instancia. Su función es similar a la del juez de segunda instancia, pero se centra en casos que han pasado por dos niveles de apelación anteriores. Este juez garantiza que las decisiones judiciales sean examinadas de manera exhaustiva y justa, brindando una última oportunidad de revisión antes de que se agoten las vías de apelación.

Juez de tribunal de familia: Juez especializado en casos de derecho de familia. El juez de tribunal de familia es un juez especializado en casos relacionados con el derecho de familia, como divorcios, custodia de menores, pensión alimenticia y otros asuntos familiares. Su función es tomar decisiones que protejan los derechos y el bienestar de los miembros de la familia.

Juez de tribunal de menores: Juez que se ocupa de casos relacionados con menores de edad. El juez de tribunal de menores es un juez que se ocupa de casos que involucran a menores de edad, como delincuencia juvenil, adopciones, custodia y protección de menores en situaciones de riesgo. Su función es proteger los derechos y el bienestar de los menores.

Juez de tribunal de trabajo: Juez especializado en casos relacionados con el derecho laboral. El juez de tribunal de trabajo es un juez especializado en casos relacionados con el derecho laboral, como disputas laborales, despidos injustos, reclamaciones de salario y otros asuntos laborales. Su función es asegurar que se cumplan las leyes laborales y proteger los derechos de los trabajadores.

Juez de tribunal de tráfico: Juez que se ocupa de casos relacionados con infracciones de tráfico y vehículos. El juez de tribunal de tráfico es un juez que se ocupa de casos relacionados con infracciones de tráfico y vehículos, como multas por exceso de velocidad, conducir bajo la influencia del alcohol y otros asuntos de tráfico. Su función es hacer cumplir las leyes de tráfico y aplicar sanciones.

Juez de tribunal penal: Juez especializado en casos penales. El juez de tribunal penal es un juez especializado en casos penales, incluyendo juicios por delitos como homicidio, robo, fraude y otros crímenes. Su función es presidir el juicio, tomar decisiones sobre la admisión de pruebas y emitir sentencias en casos penales.

Juez de tribunal superior: Juez que conoce casos en un nivel superior de jurisdicción. El juez de tribunal superior es un juez que conoce casos en un nivel superior de jurisdicción en comparación con los jueces de primera instancia. Su función incluye revisar apelaciones de decisiones de tribunales de menor instancia y garantizar la correcta aplicación de la ley.

Juez de tribunal supremo: Juez que pertenece al tribunal supremo de un país. El juez de tribunal supremo es un juez que forma parte del tribunal supremo de un país, el cual es el tribunal de más alta instancia y tiene la autoridad para revisar y decidir sobre cuestiones legales fundamentales y apelaciones de casos importantes.

Juez de tutela: Juez que se encarga de casos relacionados con la protección de derechos fundamentales. El juez de tutela es un juez que se ocupa de casos relacionados con la protección de derechos fundamentales, como el habeas corpus y la protección de la libertad personal y otros derechos constitucionales.

Juez de vigilancia penitenciaria: El juez de vigilancia penitenciaria es un magistrado encargado de supervisar y garantizar el cumplimiento de las penas y condiciones de reclusión en centros penitenciarios. Su labor es esencial para garantizar que los reclusos reciban un trato adecuado y humano durante su tiempo en prisión. Este juez evalúa las condiciones de reclusión, verifica que se respeten los derechos de los reclusos y toma medidas para corregir cualquier abuso o violación de derechos que pueda ocurrir en las instituciones penitenciarias.

Juez de vigilancia penitenciaria: Juez encargado de supervisar el sistema penitenciario. El juez de vigilancia penitenciaria es un juez que supervisa el sistema penitenciario y se encarga de garantizar que se respeten los derechos de los reclusos y que las condiciones de detención sean adecuadas.

Juez instructor: Juez encargado de llevar a cabo la fase de instrucción de un proceso penal. El juez instructor es un juez encargado de llevar a cabo la fase de instrucción de un proceso penal, en la cual se recopila evidencia y se prepara el caso para el juicio. Su función incluye la toma de decisiones sobre cuestiones procesales y la supervisión de la investigación.

Juez presidente: Juez que preside un tribunal o una audiencia. El juez presidente es el juez que preside un tribunal o una audiencia en un caso legal. Su papel es dirigir el proceso, tomar decisiones sobre cuestiones procesales y garantizar que se cumpla la ley.

Juez sustituto: Juez que reemplaza a otro juez en caso de ausencia o conflicto de intereses. El juez sustituto es un juez que puede ser designado para reemplazar a otro juez en caso de ausencia, recusación o conflicto de intereses. Su función es garantizar que el proceso legal continúe de manera adecuada en situaciones especiales.

Juez visitador: Juez que realiza inspecciones y visitas a lugares específicos. El juez visitador es un juez que realiza inspecciones y visitas a lugares específicos como parte de un proceso legal. Su función es recopilar información relevante y asegurarse de que se cumplan las órdenes del tribunal.

Juez: Funcionario judicial que administra justicia y emite decisiones legales. Un juez es un funcionario judicial encargado de administrar justicia y tomar decisiones legales en un tribunal. Los jueces son imparciales y objetivos y juegan un papel fundamental en la interpretación y aplicación de la ley.

Juezas y jueces: Término genérico para referirse a las personas que ejercen la judicatura. El término "juezas y jueces" se utiliza de manera genérica para referirse a las personas que ejercen la judicatura y desempeñan funciones judiciales en un sistema legal.

Juicio de amparo: Proceso legal que protege los derechos fundamentales. El juicio de amparo es un proceso legal que protege los derechos fundamentales de las personas contra actos de autoridades gubernamentales que violen la Constitución. Es un mecanismo importante para la protección de derechos en algunos sistemas legales.

Juicio de extradición: Proceso legal para la entrega de una persona acusada de un delito a otra jurisdicción. El juicio de extradición es un proceso legal en el que se decide si una persona acusada de un delito en una jurisdicción debe ser entregada a otra jurisdicción que solicita su extradición para enfrentar cargos. Este proceso implica una evaluación de la legalidad y los requisitos del tratado de extradición aplicable.

Juicio de jurado: Proceso en el que un jurado emite un veredicto en un caso. El juicio de jurado es un proceso legal en el que un jurado compuesto por ciudadanos emite un veredicto sobre la culpabilidad o inocencia del acusado en un caso. Los jurados son seleccionados de manera imparcial y juegan un papel importante en el sistema judicial.

Juicio de nulidad: Proceso legal para impugnar la legalidad de un acto o decisión administrativa. El juicio de nulidad es un proceso legal en el que se impugna la legalidad de un acto o decisión administrativa, buscando que se declare nulo o inválido. Puede involucrar la revisión de decisiones gubernamentales, regulaciones o actos administrativos que se consideran contrarios a la ley.

Juicio de residencia: Proceso legal para evaluar la gestión de un funcionario público al final de su mandato. El juicio de residencia es un proceso legal en el que se evalúa la gestión de un funcionario público al final de su mandato. Se busca determinar si el funcionario ha cumplido con sus responsabilidades de manera adecuada y si ha incurrido en irregularidades durante su gestión.

Juicio de valor: Proceso legal en el que se determina el valor de un bien o propiedad. El juicio de valor es un proceso legal en el que se determina el valor de un bien o propiedad, especialmente cuando hay disputas sobre su valor en el contexto de un proceso legal, como una herencia o una disputa de propiedad.

Juicio sumario: Proceso legal acelerado que se lleva a cabo de manera expedita. El juicio sumario es un proceso legal acelerado que se lleva a cabo de manera expedita y simplificada, generalmente en casos que involucran cuestiones de menor complejidad o cuantía. Su objetivo es resolver rápidamente ciertos tipos de disputas legales.

Juicio: El juicio es un proceso legal en el cual se presentan pruebas y argumentos ante un tribunal con el fin de llegar a una conclusión sobre la culpabilidad o inocencia de un acusado. Durante el juicio, las partes involucradas presentan sus casos, se interrogan a testigos y se presentan pruebas para respaldar sus argumentos. El juez o el jurado emiten una sentencia basada en la evidencia y el derecho aplicable. El juicio es un componente fundamental del sistema de justicia y garantiza que las decisiones judiciales se tomen de manera transparente y justa.

Juicio: Proceso legal en el que se determina la culpabilidad o inocencia de una persona. El juicio es un proceso legal en el que se presenta evidencia, se escuchan argumentos y se toma una decisión sobre la culpabilidad o inocencia de una persona acusada de un delito. Puede ser llevado a cabo por un juez o un jurado, y es una parte fundamental del sistema de justicia.

Jurado: El jurado es un grupo de ciudadanos seleccionados para participar en el proceso de juicio y emitir un veredicto basado en la evidencia presentada. Los jurados desempeñan un papel esencial en la administración de justicia al representar la perspectiva de la comunidad en los juicios. Escuchan los argumentos de las partes, evalúan la evidencia y toman decisiones imparciales sobre la culpabilidad o inocencia del acusado. El sistema de jurados es una característica importante de muchos sistemas legales y contribuye a la justicia y la equidad en los juicios.

Jurado: Grupo de ciudadanos que participa en un juicio y emite un veredicto. Un jurado es un grupo de ciudadanos seleccionados para participar en un juicio y emitir un veredicto sobre la culpabilidad o inocencia del acusado. Los jurados desempeñan un papel fundamental en el sistema de justicia como garantía de imparcialidad y participación ciudadana.

Jurisconsulto: Experto en derecho que brinda asesoría legal. Un jurisconsulto es un experto en derecho que brinda asesoría legal y conocimientos especializados en cuestiones legales. Puede ser un abogado, jurista o académico con experiencia en derecho.

Jurisdicción: Área geográfica o ámbito legal en el que un tribunal tiene autoridad. La jurisdicción se refiere al ámbito geográfico o legal en el que un tribunal o una autoridad judicial tiene autoridad y competencia para conocer y decidir sobre casos legales. Puede estar determinada por la ubicación geográfica, la materia o el tipo de casos que el tribunal puede manejar.

Jurisdicción: La jurisdicción se refiere al ámbito territorial y temático en el cual un tribunal o juez tiene autoridad para tomar decisiones legales. Cada tribunal o juez tiene limitaciones específicas en cuanto a su jurisdicción, lo que significa que solo pueden resolver casos que caen dentro de su competencia geográfica y legal. La jurisdicción asegura que los tribunales se ocupen de asuntos específicos y que se respeten las leyes y normas aplicables en una determinada área geográfica.

Jurisprudencia: Conjunto de decisiones judiciales que establecen precedentes legales. La jurisprudencia se refiere al conjunto de decisiones judiciales y fallos de los tribunales que establecen precedentes legales y sirven como guía para la interpretación y aplicación de la ley en casos similares en el futuro. La jurisprudencia es una fuente importante de derecho en muchos sistemas legales.

Jurisprudencia: La jurisprudencia se compone del conjunto de decisiones judiciales que establecen precedentes y orientan la interpretación del derecho. Estas decisiones son emitidas por tribunales superiores y contribuyen a la formación de reglas legales y la interpretación de leyes y regulaciones. La jurisprudencia es una fuente importante de derecho, ya que proporciona orientación sobre cómo deben aplicarse las leyes en casos similares en el futuro.

Jurista: Persona que se dedica al estudio o la práctica del derecho. Un jurista es una persona que se dedica al estudio o la práctica del derecho. Puede incluir abogados, jueces, académicos y cualquier persona que tenga conocimientos y experiencia en asuntos legales.

Justicia alternativa: La justicia alternativa se refiere a métodos de resolución de conflictos fuera de los tribunales tradicionales, como la mediación y la conciliación. Estos enfoques buscan resolver disputas de manera más rápida, económica y colaborativa que a través de un juicio formal. La justicia alternativa fomenta la comunicación y el acuerdo entre las partes involucradas, y puede ser una opción eficaz para resolver disputas civiles y comerciales sin recurrir a procesos judiciales prolongados.

Justicia restaurativa: Enfoque legal que busca la reparación de daños y la reconciliación entre las partes. La justicia restaurativa es un enfoque legal que se centra en la reparación de daños, la reconciliación y la restauración de las relaciones entre las partes involucradas en un conflicto o delito. Se diferencia de la justicia punitiva tradicional, que se centra en castigar al delincuente.

Justicia transicional: Proceso legal para abordar violaciones graves de derechos humanos en transiciones políticas. La justicia transicional es un proceso legal diseñado para abordar violaciones graves de derechos humanos, como crímenes de guerra y violaciones a los derechos humanos, en el contexto de transiciones políticas o posconflictos. Busca equilibrar la justicia, la verdad, la reconciliación y la reparación.

Justicia: Principio fundamental de equidad y legalidad en la toma de decisiones legales. La justicia es un principio fundamental que se refiere a la equidad y legalidad en la toma de decisiones legales. Implica garantizar que las personas sean tratadas de manera justa y que se cumpla la ley en todas las circunstancias.

Juzgado: El juzgado es un órgano judicial encargado de administrar justicia y resolver casos. Cada juzgado está presidido por un juez o jueza y tiene competencia para abordar una variedad de asuntos legales, desde casos penales y civiles hasta asuntos de familia y laborales. Los juzgados son parte fundamental del sistema de justicia y desempeñan un papel esencial en la resolución de disputas y la aplicación de la ley.

Legado: Bienes, propiedades o patrimonio que una persona deja después de su fallecimiento. El legado se refiere a los bienes, propiedades o patrimonio que una persona deja después de su fallecimiento y que se transmite a sus herederos o beneficiarios de acuerdo con su voluntad o las leyes de su jurisdicción.

Legalización: Proceso de validar un acto o documento como legal. La legalización es el proceso de validar un acto o documento como legal y vinculante de acuerdo con las leyes y regulaciones aplicables. Puede implicar la certificación de firmas, la autenticación de documentos o la aprobación de actos jurídicos.

Legislador: Miembro de un cuerpo legislativo que participa en la creación de leyes. Un legislador es un miembro de un cuerpo legislativo, como un parlamento o congreso, que participa en el proceso de creación y promulgación de leyes. Los legisladores proponen, debaten y votan sobre proyectos de ley que luego se convierten en leyes.

Legislar: El acto de crear, modificar o revocar leyes a través de un proceso legislativo. El acto de legislar implica la creación, modificación o revocación de leyes a través de un proceso legislativo en un cuerpo legislativo, como un parlamento o congreso.

Legítima defensa: La legítima defensa es el derecho de una persona a usar fuerza proporcional para protegerse a sí misma o a otros de un peligro inminente. Este concepto legal reconoce que en ciertas circunstancias, una persona tiene el derecho de defenderse o defender a otros cuando enfrenta una amenaza real e inminente. La legítima defensa es una defensa reconocida en muchos sistemas legales y se basa en la idea de que es legítimo proteger la vida y la integridad física en situaciones de peligro.

Legitimación pasiva: Capacidad legal para ser demandado en un proceso judicial. La legitimación pasiva se refiere a la capacidad legal de una persona o entidad para ser demandada en un proceso judicial, es decir, como la parte demandada en una demanda presentada ante el tribunal.

Legítimo interés: Interés legalmente reconocido en un asunto o propiedad. El legítimo interés se refiere a un interés legalmente reconocido en un asunto o propiedad. Puede ser un factor que determine la capacidad de una persona para participar en un proceso legal o reclamar derechos sobre una propiedad.

Lesiones: Las lesiones se refieren a daños causados a la integridad física o la salud de una persona. Estos daños pueden ser el resultado de accidentes, agresiones o negligencia. Las lesiones pueden variar en gravedad, desde heridas menores hasta daños graves o permanentes. En el contexto legal, las lesiones pueden dar lugar a acciones legales, incluyendo demandas por daños y perjuicios o cargos criminales, dependiendo de las circunstancias.

Ley de amnistía: Ley que perdona o anula ciertas infracciones legales. Una ley de amnistía es una norma legal que perdona o anula ciertas infracciones legales o penas impuestas a individuos o grupos en ciertas circunstancias. Puede ser utilizada como un instrumento para promover la reconciliación y la pacificación en situaciones de conflicto o transición política.

Ley de amnistía: Ley que perdona o anula ciertas infracciones legales. Una ley de amnistía es una norma legal que perdona o anula ciertas infracciones legales o penas impuestas a individuos o grupos en ciertas circunstancias. Puede ser utilizada como un instrumento para promover la reconciliación y la pacificación en situaciones de conflicto o transición política.

Ley de contrato: Ley que regula los acuerdos y contratos entre partes. La ley de contrato es un conjunto de reglas y principios legales que regulan la celebración, interpretación y ejecución de acuerdos y contratos entre partes. Estas leyes establecen los derechos y obligaciones de las partes involucradas en un contrato.

Ley de propiedad intelectual: Ley que protege los derechos de propiedad intelectual, como patentes, derechos de autor y marcas comerciales. La ley de propiedad intelectual es un conjunto de normas legales que protegen los derechos de propiedad intelectual de los creadores y titulares de obras creativas, incluyendo patentes, derechos de autor, marcas comerciales y secretos comerciales.

Ley penal: Ley que establece delitos y sanciones penales. La ley penal es un conjunto de normas legales que establece los delitos y las sanciones penales que se aplican en una sociedad. Estas leyes definen lo que constituye un delito, las penas asociadas y los procedimientos legales para el enjuiciamiento de personas acusadas de cometer delitos.

Ley procesal: Ley que regula los procedimientos legales y la administración de justicia. La ley procesal es un conjunto de normas legales que regulan los procedimientos legales y la administración de justicia en los tribunales. Incluye reglas sobre cómo se llevan a cabo los juicios, la presentación de pruebas, los recursos legales y otros aspectos relacionados con el proceso legal.

Ley sustantiva: Ley que establece derechos y obligaciones en áreas específicas del derecho. La ley sustantiva es un conjunto de normas legales que establecen derechos y obligaciones en áreas específicas del derecho, como el derecho civil, el derecho comercial, el derecho de familia y otros. Define los derechos y responsabilidades de las partes en diferentes situaciones legales.

Ley: Norma escrita que establece reglas y regulaciones en una sociedad. Una ley es una norma escrita que establece reglas y regulaciones que deben ser seguidas por los ciudadanos y las autoridades en una sociedad. Las leyes son creadas por el poder legislativo y pueden abordar una amplia variedad de temas, desde el derecho penal hasta el derecho civil y otros.

Libertad anticipada: La libertad anticipada es la liberación de un recluso antes de cumplir su sentencia completa, bajo ciertas condiciones. Esta medida se aplica en casos en los que se considera que el individuo ha cumplido con ciertos requisitos o ha demostrado un comportamiento ejemplar durante su tiempo en prisión. La libertad anticipada puede incluir la supervisión continua y el cumplimiento de ciertas obligaciones legales como parte de la liberación condicional.

Libertad bajo fianza: La libertad bajo fianza es la liberación de un acusado previo pago de una suma de dinero como garantía de su comparecencia en el juicio. Este sistema permite que las personas acusadas de delitos esperen el juicio fuera de prisión, siempre y cuando cumplan con las condiciones de la fianza y se comprometan a presentarse ante el tribunal en las fechas requeridas. La libertad bajo fianza busca equilibrar la presunción de inocencia con la necesidad de garantizar que los acusados comparezcan ante la justicia.

Libertad bajo palabra: La libertad bajo palabra es la liberación condicional de un condenado, sujeta al cumplimiento de ciertas condiciones. Los individuos liberados bajo palabra deben cumplir con restricciones y obligaciones específicas, como mantener un buen comportamiento y participar en programas de rehabilitación. Esta medida tiene como objetivo supervisar y apoyar la reintegración de los condenados a la sociedad, al tiempo que se asegura el cumplimiento de la sentencia impuesta.

Libertad condicional: La libertad condicional es la liberación anticipada de un recluso con supervisión y condiciones específicas. Los individuos en libertad condicional cumplen parte de su sentencia en la comunidad, bajo la supervisión de un oficial de libertad condicional y el cumplimiento de ciertas condiciones, como mantener un empleo o participar en programas de rehabilitación. La libertad condicional busca equilibrar la rehabilitación con la seguridad pública.

Litigio: El litigio se refiere a una disputa legal entre partes involucradas en un conflicto. En el contexto legal, el litigio puede abarcar una variedad de asuntos, desde disputas civiles y comerciales hasta casos penales y de familia. El litigio implica la presentación de argumentos y pruebas ante un tribunal con el objetivo de resolver la disputa y alcanzar una resolución legal.

Magistrado: Un magistrado es un juez de alto rango que preside tribunales superiores y toma decisiones en casos de mayor importancia. Los magistrados suelen ser expertos en áreas

específicas del derecho y tienen la autoridad para emitir sentencias y decisiones legales en casos complejos. Su papel es garantizar que se aplique la ley de manera justa y equitativa, y que se respeten los derechos de las partes involucradas en los casos que manejan.

Mandamiento de ejecución: El mandamiento de ejecución es una orden judicial emitida por un juez para llevar a cabo una sentencia o medida legal. Este mandato puede incluir acciones como la detención de un individuo condenado, la entrega de bienes o la ejecución de una sentencia de embargo. El mandamiento de ejecución es esencial para garantizar que las decisiones judiciales se cumplan de manera efectiva.

Mandamiento de prisión: El mandamiento de prisión es una orden judicial para detener y encarcelar a una persona acusada de un delito. Esta orden se emite cuando un individuo es considerado un peligro para la sociedad o una posible fuga antes del juicio. El mandamiento de prisión es una medida cautelar que asegura la comparecencia del acusado ante el tribunal.

Mandamiento judicial: El mandamiento judicial es una orden emitida por un juez para realizar cierta acción legal. Estas órdenes pueden variar en su alcance y propósito, e incluir acciones como registros, arrestos, embargos y otros actos legales. Los mandamientos judiciales son esenciales para la ejecución de las decisiones judiciales y el mantenimiento del orden legal.

Materia litigiosa: La materia litigiosa se refiere al asunto en disputa que está siendo tratado en un proceso legal. Es el tema central sobre el cual las partes involucradas en el litigio están disputando y que el tribunal debe resolver. La materia litigiosa puede variar ampliamente, desde disputas contractuales y de propiedad hasta casos penales y de familia.

Mediación: La mediación es un método de resolución de conflictos en el cual una tercera parte neutral, conocida como el mediador, ayuda a las partes en conflicto a llegar a un acuerdo mutuo. El mediador facilita la comunicación y la negociación entre las partes, pero no toma decisiones ni emite un veredicto. La mediación busca una solución consensuada y evita la necesidad de un juicio formal.

Medida cautelar: La medida cautelar es una acción legal tomada para asegurar que una parte cumpla con ciertas obligaciones durante el proceso judicial. Estas medidas se aplican para prevenir daños irreparables o asegurar que se mantenga la equidad en el proceso legal. Ejemplos de medidas cautelares incluyen órdenes de restricción, embargos y la retención de documentos relevantes.

Medida de coerción: La medida de coerción es una acción legal tomada para obligar a una parte a cumplir con ciertas obligaciones judiciales. Estas medidas buscan garantizar la comparecencia de las partes ante el tribunal y el cumplimiento de las decisiones judiciales. Las medidas de coerción pueden incluir multas, arrestos temporales o la retención de bienes.

Medida de seguridad: La medida de seguridad es una acción legal tomada para proteger a la sociedad y prevenir la comisión de nuevos delitos por parte de un individuo considerado peligroso. Estas medidas se aplican generalmente en casos de personas con trastornos mentales que representan un riesgo para sí mismas o para otros. Las medidas de seguridad pueden incluir la hospitalización involuntaria o el tratamiento psiquiátrico.

Medidas provisionales: Las medidas provisionales son acciones legales tomadas temporalmente durante el proceso judicial. Estas medidas se aplican para abordar situaciones urgentes o prevenir daños inmediatos mientras se resuelve un caso en su totalidad. Ejemplos de medidas provisionales incluyen órdenes de no acercamiento y la retención de activos financieros.

Ministerio Público: El Ministerio Público es una institución encargada de representar el interés público en el sistema de justicia y ejercer la acusación en casos penales. Los fiscales del Ministerio Público investigan delitos, presentan cargos contra los presuntos infractores y participan en juicios penales en representación del Estado. Su objetivo es garantizar que se haga justicia y que se proteja la sociedad al enjuiciar a quienes han violado la ley.

Moción: Una moción es una solicitud formal presentada ante un tribunal durante un proceso legal. Las partes involucradas en un caso pueden presentar mociones para solicitar acciones específicas, como la admisión de pruebas, la desestimación de un caso o la modificación de una orden judicial. Las mociones son parte integral del proceso judicial y permiten a las partes plantear cuestiones legales ante el tribunal.

Motivación de la resolución: La motivación de la resolución se refiere a la explicación detallada de las razones detrás de una decisión judicial. Cuando un tribunal emite una sentencia o una resolución, es necesario que proporcione una justificación clara y fundamentada que explique por qué se tomó esa decisión específica. La motivación de la resolución es esencial para garantizar la transparencia y la rendición de cuentas en el sistema de justicia.

Multa: Una multa es una sanción económica impuesta como consecuencia de un delito o infracción. Las multas se utilizan comúnmente como castigo por conductas ilegales y pueden variar en cuantía según la gravedad del delito. El propósito de las multas es tanto disuadir a los infractores como proporcionar un medio para compensar los daños causados por su comportamiento.

Nulidad de fondo: La nulidad de fondo se refiere a la invalidación de un acto debido a la falta de requisitos esenciales. Esta forma de nulidad se basa en la falta de sustancia legal en el acto o la decisión en cuestión, lo que lo hace inválido desde el principio. La nulidad de fondo se aplica cuando el acto carece de los elementos legales necesarios para su validez.

Nulidad de forma: La nulidad de forma se refiere a la invalidación de un acto debido a errores procedimentales o formales en su realización. Esta forma de nulidad se centra en la forma en que se llevó a cabo el acto y no en su sustancia. Los errores de forma pueden incluir omisiones de trámites legales o incumplimientos de requisitos de procedimiento.

Nulidad de pleno derecho: La nulidad de pleno derecho es una forma de nulidad que implica la invalidación automática de un acto debido a la gravedad de la infracción. En este caso, no se requiere una decisión judicial para declarar la nulidad, ya que el acto se considera nulo por ley. La nulidad de pleno derecho se aplica a actos que son tan gravemente defectuosos que se consideran inválidos desde su origen.

Nulidad procesal: La nulidad procesal se refiere a la invalidación de un acto debido a irregularidades en el procedimiento legal. Estas irregularidades pueden incluir violaciones de los derechos procesales de las partes, errores en la presentación de pruebas o incumplimientos de los procedimientos legales establecidos. La nulidad procesal busca garantizar que se respeten los principios de equidad y justicia en el proceso legal.

Nulidad: La nulidad se refiere a la invalidación legal de un acto o decisión que no cumple con los requisitos legales. Cuando se declara la nulidad de un acto, este se considera como si nunca hubiera tenido efecto legal. La nulidad puede ser aplicada a actos que son contrarios a la ley, están viciados por errores graves o no cumplen con los procedimientos adecuados.

Objeción: Una objeción es una protesta o disconformidad presentada durante un juicio en contra de una prueba o argumento presentado. Las partes en un juicio tienen el derecho de objetar la admisión de pruebas o argumentos que consideren inadmisibles o irrelevantes. El juez decide si la objeción es válida y si la prueba o argumento debe ser admitido o rechazado.

Obligación de reparar el daño: La obligación de reparar el daño es el deber legal de compensar los perjuicios causados a otra parte como resultado de un acto ilícito o incumplimiento de un contrato. Cuando una persona causa daños a otra, ya sea de manera intencional o negligente, puede ser legalmente obligada a pagar una indemnización o reparar el daño causado. Esta obligación busca restablecer a la víctima en la posición que tenía antes del daño.

Omisión: La omisión se refiere a la falta de acción o incumplimiento de un deber. En el contexto legal, la omisión puede ser relevante en casos en los que una persona tenía un deber legal de actuar y no lo hizo, lo que resultó en daños o perjuicios. La omisión puede ser considerada como negligencia en algunos casos y puede dar lugar a responsabilidad legal.

Orden de aprehensión: La orden de aprehensión es una orden judicial emitida para detener a una persona acusada de un delito. Esta orden se basa en la sospecha de que la persona ha cometido un delito y se considera necesaria para llevar a cabo una investigación o para garantizar la comparecencia del acusado ante el tribunal. La orden de aprehensión permite a las autoridades detener al acusado y llevarlo bajo custodia.

Orden de detención: La orden de detención es una orden judicial para mantener a una persona bajo custodia. Esta orden se emite en casos en los que se considera que la persona representa un riesgo para la sociedad o una posible fuga antes del juicio. La orden de detención es una medida cautelar que asegura que el acusado permanezca bajo control legal mientras se resuelve su caso.

Orden de registro: La orden de registro es una orden judicial para inspeccionar un lugar en busca de evidencia. Esta orden se emite cuando se tiene razón para creer que ciertos objetos o pruebas relevantes para un caso pueden encontrarse en un lugar específico. La orden de registro permite a las autoridades buscar y recolectar pruebas en el lugar designado, siempre que se haga de acuerdo con la ley y respetando los derechos constitucionales.

Órgano jurisdiccional colegiado: Un órgano jurisdiccional colegiado es un tribunal compuesto por varios jueces que deciden en conjunto. Estos tribunales pueden tener un número impar de jueces para evitar empates en las decisiones. Los órganos jurisdiccionales colegiados son comunes en sistemas legales y permiten un proceso de toma de decisiones basado en la deliberación y el consenso entre varios magistrados.

Órgano jurisdiccional unipersonal: Un órgano jurisdiccional unipersonal es un tribunal dirigido por un solo juez. Este juez tiene la autoridad para tomar decisiones judiciales de manera independiente en casos que caen dentro de su jurisdicción. Los órganos jurisdiccionales unipersonales son adecuados para casos de menor envergadura o asuntos que no requieren la participación de un tribunal colegiado.

Órgano jurisdiccional: Un órgano jurisdiccional es una institución encargada de administrar justicia y tomar decisiones legales. Los órganos jurisdiccionales incluyen tribunales, juzgados y otros cuerpos judiciales que tienen la autoridad para resolver disputas legales y aplicar la ley. Estos órganos aseguran que se haga justicia y se respeten los derechos legales de las personas.

Órgano jurisdiccional: Un órgano jurisdiccional es una institución encargada de administrar justicia y tomar decisiones legales. Los órganos jurisdiccionales incluyen tribunales, juzgados y otros cuerpos judiciales que tienen la autoridad para resolver disputas legales y aplicar la ley. Estos órganos aseguran que se haga justicia y se respeten los derechos legales de las personas.

Querella criminal: La querella criminal es una acción legal presentada por una persona o entidad para acusar a alguien de cometer un delito. A través de la querella criminal, la parte acusadora busca que se investigue y se enjuicie a la persona acusada por la comisión de un acto delictivo.
Querella de parte agraviada: La querella de parte agraviada es una acción legal presentada por la parte perjudicada en un caso. Esta parte afectada por un agravio, daño o delito inicia una querella para buscar reparación y justicia ante el tribunal. La querella de parte agraviada es común en casos en los que una persona ha sufrido perjuicios directos a causa de una acción ilícita.

Querella: Una querella es una acción legal presentada por una persona o entidad para iniciar un proceso judicial. Mediante una querella, una parte interesada busca que un tribunal examine y resuelva una disputa, un agravio o un delito, y tome decisiones legales al respecto.

Querellado: El querellado es la persona acusada en una querella. Es el individuo contra quien se presentan las acusaciones en el proceso legal. El querellado tiene el derecho a defenderse y a presentar pruebas en su favor durante el curso del proceso judicial.

Querellante particular: El querellante particular es una persona que presenta una querella como parte afectada por un delito o agravio específico. A diferencia de las autoridades públicas, el querellante particular actúa por iniciativa propia y no en representación del Estado. Este tipo de querellante busca justicia y reparación por daños sufridos.

Querellante: El querellante es la persona o entidad que presenta una querella en un proceso legal. Es la parte que inicia el procedimiento legal al presentar las acusaciones ante el tribunal. El querellante puede ser una víctima, una entidad comercial, una organización o cualquier individuo con interés en el caso.

Quiebra culpable: La quiebra culpable es una situación de quiebra causada por conductas negligentes o fraudulentas del deudor. En otras palabras, es una quiebra en la que se demuestra que el deudor contribuyó intencionalmente a su propia insolvencia o cometió actos fraudulentos que llevaron a la quiebra.

Quiebra de comerciante: La quiebra de comerciante se refiere a la quiebra de una persona que realiza actividades comerciales o empresariales. Las leyes de quiebra pueden variar según la jurisdicción, pero generalmente establecen reglas y procedimientos específicos para la quiebra de comerciantes.

Quiebra de empresa: La quiebra de empresa se produce cuando una entidad comercial o empresarial no puede cumplir con sus obligaciones financieras y se declara insolvente. En este caso, se inicia un proceso de quiebra para liquidar los activos de la empresa y distribuir los recursos entre los acreedores.

Quiebra fortuita: La quiebra fortuita es una quiebra que se produce debido a eventos imprevistos y fuera del control del deudor. Estos eventos pueden incluir crisis económicas, desastres naturales u otras circunstancias que afectan negativamente la capacidad financiera del deudor.

Quiebra fraudulenta: La quiebra fraudulenta se refiere a una quiebra causada intencionalmente por el deudor con el propósito de defraudar a los acreedores. En este caso, el deudor puede haber realizado transferencias de activos fraudulentas o actuado de manera engañosa para evitar el pago de deudas legítimas.

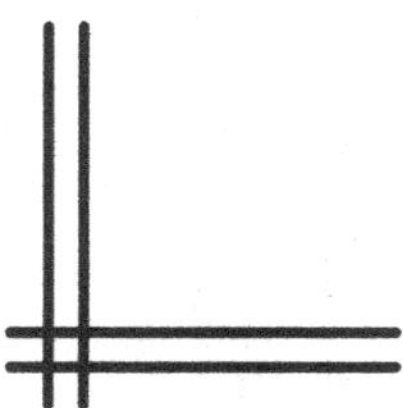

Quiebra: La quiebra es el estado de insolvencia económica en el que una entidad, ya sea una persona física o una empresa, no puede pagar sus deudas pendientes. En el contexto legal, la quiebra puede dar lugar a un proceso judicial especializado para la liquidación de activos y la distribución de los recursos entre los acreedores.

Ratificación: La ratificación es la confirmación formal de un acto o decisión legal. Puede ocurrir cuando una persona o entidad acepta o respalda expresamente un acto previamente realizado, lo que puede tener implicaciones legales significativas al reconocer su validez y efecto.

Recurso de aclaración: El recurso de aclaración es una acción legal que permite a una parte solicitar aclaraciones sobre una sentencia o resolución judicial. Este recurso busca obtener una explicación más detallada o corregir posibles errores evidentes en la decisión judicial.

Recurso de amparo: El recurso de amparo es una acción legal que tiene como objetivo proteger los derechos fundamentales de una persona ante violaciones por parte de autoridades públicas o actos que afecten gravemente su libertad, seguridad o integridad personal. Se utiliza para prevenir o remediar violaciones a los derechos humanos básicos.

Recurso de apelación: El recurso de apelación es una acción legal que permite impugnar una sentencia o resolución judicial ante un tribunal superior. Las partes insatisfechas con una decisión pueden recurrir a un tribunal de mayor jerarquía para que revise el caso y emita una nueva resolución.

Recurso de casación: El recurso de casación es una acción legal que permite impugnar una sentencia basada en errores de derecho. Se presenta ante un tribunal de casación y busca la revisión de cuestiones legales, no de los hechos del caso. Se utiliza para garantizar la correcta aplicación de la ley.

Recurso de ilegalidad: El recurso de ilegalidad es una acción legal que permite impugnar un acto administrativo por su ilegalidad. Las partes afectadas pueden argumentar que un acto de la administración pública es contrario a la ley y buscar su anulación o corrección.

Recurso de inconstitucionalidad: El recurso de inconstitucionalidad es una acción legal que permite impugnar leyes que se consideran contrarias a la Constitución de un país. Se presenta ante un tribunal constitucional o una instancia similar y busca que se declare la inconstitucionalidad de una norma legal.

Recurso de nulidad: El recurso de nulidad es una acción legal que permite impugnar una sentencia o resolución judicial por vicios procesales graves. Se utiliza cuando se argumenta que el proceso legal no se llevó a cabo de manera justa o se cometieron errores fundamentales que afectaron la validez de la decisión.

Recurso de nulidad: El recurso de nulidad es una acción legal que permite impugnar una sentencia o resolución judicial por vicios procesales graves. Se utiliza cuando se argumenta que el proceso legal no se llevó a cabo de manera justa o se cometieron errores fundamentales que afectaron la validez de la decisión.

Recurso de queja: El recurso de queja es una acción legal que permite impugnar decisiones judiciales que afectan derechos procesales. Se utiliza cuando una parte considera que se han vulnerado sus derechos durante el proceso legal y busca una revisión por parte de un tribunal superior.

Recurso de reforma: El recurso de reforma es una acción legal que permite solicitar la modificación de una resolución judicial. Se presenta ante el mismo tribunal que emitió la decisión y busca que se realicen cambios en la resolución original.

Recurso de reposición: El recurso de reposición es una acción legal que permite impugnar una resolución judicial ante el mismo tribunal que la emitió. Se utiliza para solicitar la revisión y modificación de una decisión que se considera errónea o injusta.

Recurso de revisión: El recurso de revisión es una acción legal que permite revisar una sentencia ya dictada por nuevos elementos de prueba o información relevante que no estaba disponible en el momento del juicio original. Se utiliza cuando se descubren hechos nuevos que podrían cambiar el resultado del caso.

Recurso de revocación: El recurso de revocación es una acción legal que permite impugnar una resolución administrativa ante la misma autoridad que la emitió. Se utiliza para solicitar la anulación o modificación de una decisión administrativa que se considera incorrecta.

Recurso de súplica: El recurso de súplica es una acción legal que permite solicitar la revisión de una resolución judicial ante un tribunal superior. Se utiliza cuando una parte considera que la resolución no se ajusta a derecho y busca una revisión por una instancia superior.

Recurso extraordinario: El recurso extraordinario es una acción legal que permite impugnar una sentencia basada en circunstancias excepcionales o cuestiones de gran trascendencia legal. Generalmente, se permite en casos específicos y con requisitos estrictos.

Recurso: El recurso es una acción legal que permite a una parte impugnar o apelar una decisión judicial. Los recursos son mecanismos legales que permiten a las partes disconformes con una resolución judicial buscar su revisión o modificación ante un tribunal superior.
Reducción de pena: La reducción de pena se refiere a la disminución de la pena impuesta a un condenado por ciertas circunstancias. Puede ser resultado de factores como el buen comportamiento en prisión o la participación en programas de rehabilitación.

Registro de antecedentes penales: El registro de antecedentes penales es un documento que registra los antecedentes penales de una persona. Contiene información sobre condenas previas por delitos y puede ser utilizado por autoridades, empleadores y otras entidades para evaluar el historial delictivo de un individuo.

Registro de antecedentes penales: El registro de antecedentes penales es un documento que registra los antecedentes penales de una persona. Contiene información sobre condenas previas por delitos y puede ser utilizado por autoridades, empleadores y otras entidades para evaluar el historial delictivo de un individuo.

Relatoría: La relatoría se refiere al cargo o función de una persona encargada de redactar y resumir las decisiones judiciales. El relator judicial tiene la responsabilidad de elaborar informes y resúmenes de las sentencias y resoluciones emitidas por el tribunal.

Reos: El término "reos" se utiliza para referirse a las personas acusadas o condenadas por delitos. Se refiere a aquellos individuos que están involucrados en procesos penales como acusados, detenidos o condenados.

Reparación del daño: La reparación del daño es la compensación económica o material otorgada a la víctima de un delito con el fin de resarcir los perjuicios sufridos. Esta compensación busca restablecer a la víctima en la medida de lo posible a su situación anterior al delito.

Resolución judicial: Una resolución judicial es una decisión tomada por un tribunal en un caso legal. Puede abordar una amplia gama de asuntos legales, desde la determinación de la culpabilidad o inocencia de un acusado hasta la resolución de disputas civiles, familiares o comerciales.

Revocación de la sentencia: La revocación de la sentencia es la anulación de una sentencia por medio de un recurso legal. Ocurre cuando un tribunal superior decide que la sentencia original fue emitida incorrectamente o en violación de la ley y, por lo tanto, la revoca o modifica.

Robo agravado: El robo agravado es una categoría de delito de robo que involucra circunstancias agravantes, como el uso de armas, lesiones graves a la víctima o la comisión del delito en un lugar específico, como una vivienda. Las penas por robo agravado suelen ser más severas que las del robo simple.

Robo: El robo es un delito que implica apoderarse ilegalmente de algo ajeno utilizando violencia, amenazas o engaño. Es una infracción grave que involucra la sustracción de propiedad de otra persona sin su consentimiento.

Sala: La sala es el espacio donde se llevan a cabo audiencias judiciales. Es el lugar donde se reúnen el juez, las partes involucradas, los abogados y testigos para presentar pruebas y argumentos en un caso legal.

Sanción disciplinaria: Una sanción disciplinaria es un castigo impuesto por infringir normas o reglas establecidas en un contexto particular, como un entorno laboral, escolar o deportivo. Estas sanciones pueden incluir advertencias, suspensiones o despidos, dependiendo de la gravedad de la infracción.

Sanción económica: Una sanción económica es una multa o pena pecuniaria impuesta como consecuencia legal por un delito o infracción. La persona sancionada está obligada a pagar una cantidad específica de dinero como castigo por su conducta.

Sanción penal: Una sanción penal es un castigo impuesto por la comisión de un delito. Puede incluir penas de prisión, libertad condicional, trabajos comunitarios o cualquier otra medida decretada por un tribunal penal.

Sanción: Una sanción es una consecuencia legal impuesta como resultado de un delito o infracción. Puede tomar diversas formas, incluyendo multas, penas de prisión, trabajos comunitarios u otras medidas disciplinarias.

Sanción: Una sanción es una consecuencia legal impuesta como resultado de un delito o infracción. Puede tomar diversas formas, incluyendo multas, penas de prisión, trabajos comunitarios u otras medidas disciplinarias.

Sentencia absolutoria: Una sentencia absolutoria es una resolución judicial que declara al acusado como inocente. En otras palabras, establece que no se ha probado la culpabilidad del acusado más allá de una duda razonable y, por lo tanto, no se impone ninguna pena.

Sentencia condenatoria: Una sentencia condenatoria es una resolución judicial que declara al acusado como culpable de un delito. En consecuencia, se establecen las sanciones que debe cumplir el condenado, como penas de prisión, multas o medidas correctivas.

Sentencia de divorcio: Una sentencia de divorcio es una resolución judicial que disuelve legalmente un matrimonio. En ella, se establecen los términos de la separación, incluyendo la división de bienes, la custodia de los hijos y las obligaciones financieras.

Sentencia firme: Una sentencia firme es una resolución judicial que no puede ser apelada debido a que ha agotado los recursos legales disponibles. En otras palabras, es una decisión que ha pasado por todas las instancias de revisión y se considera definitiva.

Sentencia: Una sentencia es la resolución final emitida por un tribunal en un caso legal. En ella, se establece la decisión del tribunal con respecto a la culpabilidad o inocencia del acusado, así como las sanciones o reparaciones que deben aplicarse en caso de condena.

Señalamiento: El señalamiento se refiere a la designación de una fecha para una audiencia o comparecencia legal. Cuando se programa una audiencia judicial o una vista, se establece un señalamiento para que las partes involucradas se presenten en el tribunal en una fecha y hora específicas.

Servicio de mediación: El servicio de mediación es ofrecido por el sistema de justicia para ayudar a las partes en conflicto a llegar a un acuerdo mutuo fuera de los tribunales tradicionales. Un mediador neutral facilita la comunicación entre las partes y busca una solución consensuada al conflicto.

Servicio social: El servicio social es el cumplimiento de actividades en beneficio de la comunidad como parte de una sentencia o medida judicial. Puede incluir trabajos comunitarios, asistencia a programas de rehabilitación o cualquier otra forma de contribución a la sociedad.

Servidumbre: La servidumbre es un derecho de paso o uso de una propiedad ajena. Puede involucrar situaciones como el acceso a tierras, la instalación de servicios públicos o el paso de cables eléctricos a través de una propiedad privada, siempre con el permiso legal correspondiente.

Sindicato: Un sindicato es una asociación de trabajadores que se forma con el propósito de proteger y promover sus intereses laborales y condiciones de empleo. Los sindicatos representan a los trabajadores en negociaciones con empleadores y pueden negociar contratos colectivos.

Sujeto procesal: Un sujeto procesal es una persona o entidad involucrada en un proceso judicial. Esto incluye a las partes acusadoras, las partes acusadas, los testigos, los abogados y cualquier otro individuo o entidad que tenga un interés legítimo en el caso.

Sumario: Un sumario es un resumen de los hechos y pruebas en un caso judicial. Suele ser una descripción concisa de los elementos más relevantes del caso y se utiliza para facilitar la comprensión rápida de los detalles esenciales de un asunto legal.

Suministro de pruebas: El suministro de pruebas se refiere a la presentación de evidencia en un caso judicial. Las partes involucradas en un proceso legal tienen la responsabilidad de proporcionar pruebas, como documentos, testigos o peritajes, para respaldar sus argumentos.

Suplente: Un suplente es una persona que actúa en lugar de otra en ausencia o impedimento. En el contexto legal, un suplente puede asumir las responsabilidades de un juez, un abogado o cualquier otro funcionario legal en caso de incapacidad o ausencia temporal.

Suplicación: La suplicación es un recurso legal utilizado para apelar una sentencia o decisión judicial ante un tribunal superior. Permite a las partes insatisfechas con la sentencia original buscar una revisión y una nueva resolución por parte de una instancia superior.

Suplicatorio: Un suplicatorio es una solicitud formal realizada a una autoridad superior. En el ámbito legal, puede referirse a una solicitud presentada ante un tribunal superior o una autoridad competente para solicitar una acción específica o una revisión de una decisión.

Supremo Tribunal de Justicia: El Supremo Tribunal de Justicia es el tribunal más alto en una jurisdicción o sistema judicial. Tiene la autoridad para revisar decisiones judiciales, interpretar la ley y establecer precedentes legales. Su papel es fundamental en la administración de justicia.

Suscripción de acciones: La suscripción de acciones implica la adquisición de acciones de una sociedad por parte de los inversores. Los accionistas potenciales suscriben acciones al comprarlas y, en consecuencia, adquieren derechos y responsabilidades como propietarios de la empresa.

Suscripción: La suscripción se refiere al acto de firmar o aceptar algo, como acciones de una sociedad o un contrato. En el contexto de las acciones de una sociedad, la suscripción implica la adquisición de acciones por parte de los inversores.

Suspensión condicional: La suspensión condicional es una medida legal en la que se imponen condiciones específicas para suspender una pena o proceso legal. Esta suspensión está sujeta al cumplimiento de ciertas obligaciones y requisitos establecidos por un tribunal.

Suspensión de la pena: La suspensión de la pena implica posponer el cumplimiento de una pena por cierto período de tiempo. Durante este tiempo, el condenado puede estar sujeto a condiciones, como libertad condicional o servicio comunitario, y si cumple con ellas, la pena puede no ser ejecutada.

Suspensión de labores: La suspensión de labores se refiere a la interrupción temporal de las actividades laborales en una organización o empresa. Esta medida puede ser tomada por diversos motivos, como huelgas, situaciones de emergencia, condiciones climáticas extremas o incluso eventos inesperados como pandemias. Durante la suspensión de labores, los empleados suelen dejar de trabajar por un período determinado, y la empresa puede optar por otorgar compensaciones o aplicar otras políticas relacionadas con el tiempo no trabajado. Esta acción puede tener un impacto significativo en la productividad y la economía de una región o país, por lo que suele ser objeto de atención y regulación por parte de las autoridades laborales.

Suspensión de plazos: La suspensión de plazos se refiere a la detención temporal del transcurso de plazos legales. Los plazos legales son períodos de tiempo establecidos por la ley para realizar ciertas acciones legales, como presentar una demanda, responder a una citación judicial o cumplir con requisitos específicos en un proceso legal.

La suspensión de plazos puede ocurrir en situaciones excepcionales, como desastres naturales, emergencias nacionales o problemas técnicos en el sistema judicial que impiden que los plazos avancen. Durante la suspensión, los plazos se congelan y no se aplican hasta que se levante la suspensión, lo que permite a las partes involucradas en un caso tener un tiempo adicional para cumplir con sus obligaciones legales.

Suspensión del juicio: La suspensión del juicio se refiere a la interrupción temporal del proceso judicial en curso. Esto puede suceder por diversas razones, como la incapacidad de una de las partes para asistir al tribunal debido a una emergencia médica o una solicitud de ambas partes para buscar una solución alternativa a través de la mediación o el arbitraje. La suspensión del juicio permite pausar temporalmente el procedimiento judicial para abordar problemas específicos o para dar tiempo a las partes para resolver sus diferencias fuera del tribunal. Una vez que se resuelvan los problemas o se alcance un acuerdo, el juicio puede reanudarse.

Suspensión provisional: La suspensión provisional es una medida cautelar que detiene temporalmente ciertos efectos legales mientras se lleva a cabo un proceso legal. Por ejemplo, en un litigio de propiedad, un tribunal podría ordenar la suspensión provisional para evitar que una de las partes venda o transfiera el bien disputado hasta que se resuelva el caso. Esta medida tiene como objetivo preservar el status quo durante el proceso legal y garantizar que ninguna de las partes se beneficie injustamente antes de que se tome una decisión final en el asunto.

Suspensión: La suspensión es la interrupción temporal de una acción, proceso o derecho. En el contexto legal, puede referirse a la suspensión de una sentencia, una audiencia o una medida cautelar.

Sustanciación: La sustanciación se refiere al proceso de llevar a cabo y desarrollar un procedimiento legal. En el contexto de un caso legal, implica la presentación de pruebas, la recopilación de testimonios, la realización de investigaciones y la realización de todas las etapas necesarias para llegar a una resolución.

La sustanciación es esencial para garantizar que un proceso legal sea completo y justo, ya que permite a todas las partes presentar sus argumentos y evidencias antes de que se tome una decisión final.

Sustitución: La sustitución se refiere al reemplazo de una persona o cosa por otra. En el ámbito legal, esto puede tener diferentes significados. Por ejemplo, en el caso de un testigo que no puede comparecer en un juicio, se puede permitir la sustitución de ese testigo por otro que tenga conocimiento similar de los hechos. También puede referirse al reemplazo de un representante legal, como un abogado, por otro en el transcurso de un caso. La sustitución puede ser necesaria por diversas razones, como conflictos de interés, incapacidad o renuncia.

Sustituto procesal: Un sustituto procesal es una persona que actúa en lugar de otra en un proceso legal. Esta figura se utiliza cuando alguien tiene el derecho de representar los intereses de otra persona o entidad en un asunto legal. Por ejemplo, un abogado puede actuar como sustituto procesal en nombre de un cliente en un litigio.

Los sustitutos procesales están facultados para tomar decisiones legales y llevar a cabo acciones en nombre de la parte que representan.

Sustracción de bienes: La sustracción de bienes se refiere al acto de apoderarse ilegalmente de bienes pertenecientes a otra persona sin su consentimiento. Este comportamiento constituye un delito de robo o hurto, dependiendo de las circunstancias y las leyes locales. La sustracción de bienes implica tomar posesión de propiedad ajena de manera ilícita, lo que puede resultar en consecuencias legales graves, como penas de prisión o multas, si la persona responsable es atrapada y condenada.

Sustracción de menores por un familiar: La sustracción de menores por un familiar se refiere al secuestro de niños por parte de un miembro de la familia. Este acto puede ocurrir en situaciones de conflicto familiar, como disputas de custodia, divorcios amargos o desacuerdos sobre la crianza de los hijos. Aunque el perpetrador es un pariente del niño, esta acción generalmente es ilegal y puede tener consecuencias legales graves. La ley busca proteger el bienestar de los menores y garantizar su seguridad.

Sustracción de menores por un progenitor: La sustracción de menores por un progenitor se produce cuando uno de los padres secuestra al hijo o hijos en contra de la voluntad del otro progenitor o en violación de un acuerdo de custodia o una orden judicial. Este acto puede tener graves implicaciones legales y emocionales, y generalmente se considera un delito. Las leyes de custodia y visitación están diseñadas para proteger los derechos e intereses de los niños y para evitar que un padre secuestre a sus hijos.

Agresión sexual: La agresión sexual se refiere a un acto de violencia de carácter sexual hacia otra persona sin su consentimiento. Puede incluir una variedad de acciones, desde tocamientos no deseados hasta violaciones, y es considerada un delito grave en la mayoría de los sistemas legales. La persecución de casos de agresión sexual busca proteger los derechos y la seguridad de las víctimas, así como llevar a los agresores ante la justicia.

Sustracción de menores por un tercero: La sustracción de menores por un tercero se refiere al secuestro de niños por una persona que no es miembro de la familia. Esto puede ocurrir por diversas razones, como motivos criminales, extorsión o tráfico de menores. El secuestro de menores por un tercero es una grave infracción legal que puede llevar a la persecución y el enjuiciamiento penal de la persona responsable. Las autoridades trabajan para rescatar a los niños y llevar a los perpetradores ante la justicia.

Sustracción internacional de menores: La sustracción internacional de menores es un tipo de secuestro de niños que involucra cruzar fronteras internacionales. Esto ocurre cuando un niño es llevado a otro país sin el consentimiento adecuado de los padres o guardianes legales, lo que puede tener implicaciones legales y diplomáticas complejas. Para abordar este problema, existen tratados internacionales, como el Convenio de La Haya sobre los Aspectos Civiles de la Sustracción Internacional de Menores, que establecen procedimientos para la repatriación de los niños y la resolución de conflictos transfronterizos relacionados con la custodia.

Tacha de testigos: La tacha de testigos se refiere a la impugnación de la credibilidad de un testigo en un juicio. Cuando una parte en un juicio tiene razones para creer que un testigo no es confiable, puede presentar una tacha de testigos para cuestionar su testimonio. Esto puede incluir argumentos sobre la falta de conocimiento del testigo sobre los hechos en cuestión, posibles prejuicios o intereses personales que puedan influir en su testimonio, o inconsistencias en sus declaraciones. La tacha de testigos es una herramienta importante para establecer la verdad en un juicio y evaluar la validez de la evidencia presentada.

Tacha: La tacha se refiere a la impugnación de la idoneidad de una prueba o testigo en un proceso legal. Cuando una parte en un juicio considera que una prueba presentada por la otra parte es inadmisible o no confiable, puede presentar una tacha para argumentar en contra de su inclusión en el juicio. Del mismo modo, una tacha de testigos implica cuestionar la credibilidad o competencia de un testigo que ha sido llamado a declarar en un juicio. Las tachas son parte importante del proceso legal para garantizar la integridad y la justicia de un juicio.

Tasa: Una tasa se refiere a un impuesto o tarifa que se aplica a ciertas transacciones, bienes o servicios. Las tasas son una fuente de ingresos para los gobiernos y se utilizan para financiar diversos programas y servicios públicos. Pueden incluir impuestos sobre las ventas, impuestos a la propiedad, tarifas por servicios gubernamentales, entre otros. Las tasas varían según la jurisdicción y la naturaleza de la transacción o el bien al que se aplican.

Teoría de la imputación: La teoría de la imputación es un concepto legal que explica cómo se atribuye la responsabilidad en un delito. En un contexto criminal, esta teoría busca determinar quién es el responsable de cometer un delito específico. Esto implica establecer que una persona tenía la intención o la negligencia suficiente para cometer el acto ilegal y, por lo tanto, es legalmente imputable y sujeta a acciones legales y sanciones. La teoría de la imputación es fundamental para el sistema de justicia penal y la asignación de responsabilidad en casos criminales.

Teoría del caso: La teoría del caso es una estrategia legal que un abogado utiliza para presentar un caso en juicio. Esta estrategia implica la formulación de argumentos, la selección de pruebas y testigos, y la organización de la presentación de evidencia de manera coherente y persuasiva. La teoría del caso tiene como objetivo convencer al tribunal o al jurado de la validez de la versión de los hechos de una parte y de la aplicabilidad de la ley en el caso en cuestión. Cada parte en un juicio desarrolla su propia teoría del caso para respaldar sus argumentos y alcanzar sus objetivos legales.

Tercero: En el contexto legal, un tercero se refiere a una persona ajena a una disputa legal o a un contrato. Los terceros no están directamente involucrados en la relación legal entre las dos partes principales, pero pueden verse afectados por las acciones o decisiones de esas partes. En algunos casos, los terceros pueden tener derechos o intereses legítimos que deben ser considerados por el sistema legal.

Término de prescripción: El término de prescripción se refiere al plazo después del cual una acción legal no puede ser ejercida. En otras palabras, establece el tiempo máximo que una persona tiene para presentar una demanda o acusación después de que ocurra un evento o se descubra una infracción. Una vez que el término de prescripción ha vencido, la persona ya no puede buscar reparación legal. Los términos de prescripción varían según el tipo de reclamo y la jurisdicción, y su propósito es brindar seguridad y finalidad a los asuntos legales.

Término: Un término es un plazo o tiempo establecido en una norma legal. Los términos son importantes en el ámbito legal porque determinan cuándo debe llevarse a cabo una acción o cuándo se vence un derecho. Por ejemplo, un contrato puede especificar un término para el cumplimiento de ciertas obligaciones, y las leyes pueden establecer términos para presentar una demanda o apelación. Cumplir con los términos legales es crucial para proteger los derechos y evitar posibles consecuencias legales.

Terreno: El terreno se refiere a una porción de tierra, ya sea en el contexto de la propiedad, la topografía o la geografía. Puede describir un área de tierra con características específicas, como su forma, tamaño, ubicación y uso previsto. El término terreno es importante en asuntos legales relacionados con la propiedad, la planificación urbana, la zonificación y la construcción, ya que puede influir en la forma en que se utilizan y regulan las parcelas de tierra.

Tesis jurisprudencial: Una tesis jurisprudencial es una sentencia que establece un criterio legal aplicable en casos similares. Estas tesis son emitidas por tribunales superiores y sirven como precedentes legales que guían la interpretación y la aplicación de la ley en futuros casos. Las tesis jurisprudenciales son importantes para la coherencia y la uniformidad en el sistema legal, ya que ayudan a establecer estándares y pautas para la toma de decisiones judiciales.

Tesis: Una tesis se refiere a un argumento o posición sostenida en un juicio o en una discusión legal. En un contexto legal, una tesis es la afirmación central que una parte presenta para respaldar su caso. Puede estar respaldada por pruebas, testimonios y argumentos legales. La presentación de una tesis sólida es fundamental para persuadir al tribunal o al jurado de la validez de la posición de una parte en un proceso legal.

Testamento: Un testamento es un documento legal que establece cómo se distribuirán los bienes y activos de una persona después de su muerte. También puede incluir instrucciones sobre la custodia de hijos menores y otros asuntos personales. Los testamentos son herramientas importantes en la planificación patrimonial y permiten a una persona expresar sus deseos y garantizar que sus bienes se distribuyan de acuerdo con sus preferencias. Para que un testamento sea válido, generalmente debe cumplir con ciertos requisitos legales y formales.

Testigo de cargo: Un testigo de cargo es una persona que declara en contra del acusado en un juicio. Este tipo de testigo presenta evidencia que respalda la posición de la parte que presenta la acusación. Su testimonio está destinado a demostrar la culpabilidad del acusado y respaldar los cargos formulados en su contra.

Testigo de descargo: Un testigo de descargo es una persona que declara a favor del acusado en un juicio. Su testimonio busca refutar o contrarrestar la evidencia presentada por la parte acusadora. El objetivo es mostrar la inocencia del acusado o presentar argumentos que debiliten la posición de la acusación.

Testigo de identidad: Un testigo de identidad es una persona que puede reconocer a alguien por haberlo visto anteriormente. Este tipo de testigo es común en casos de identificación de sospechosos en delitos como robos, asaltos o secuestros. Su testimonio puede ser crucial para establecer la conexión entre un acusado y un delito.

Testigo experto: Un testigo experto es una persona con conocimiento especializado en un área particular que declara en un juicio para proporcionar información y opiniones técnicas. Estos testigos son llamados para ayudar al tribunal o al jurado a comprender cuestiones complejas o especializadas relacionadas con el caso. Pueden incluir expertos médicos, forenses, científicos, ingenieros, psicólogos u otros profesionales con experiencia en un campo relevante.

Testigo presencial: Un testigo presencial es una persona que ha sido testigo directo de un evento o situación. Su testimonio se basa en lo que han visto o experimentado personalmente. Los testigos presenciales a menudo son cruciales para establecer los hechos de un caso y proporcionar una representación precisa de lo que ocurrió.

Testigo protegido: Un testigo protegido es una persona cuya identidad se mantiene en secreto por razones de seguridad. Esto puede ser necesario en casos en los que el testimonio de un testigo puede poner en peligro su vida o su integridad. Los testigos protegidos a menudo colaboran con las autoridades para brindar información sobre actividades delictivas o peligrosas, y su anonimato se mantiene para proteger su seguridad.

Testigo: Un testigo es una persona que proporciona información en un juicio o proceso legal. Los testigos pueden presentar testimonios orales o por escrito sobre los hechos relevantes en el caso. Su papel es proporcionar pruebas o evidencia que ayude al tribunal o al jurado a comprender los eventos en cuestión. Los testigos pueden ser llamados por cualquiera de las partes en el caso o ser testigos llamados por el tribunal.

Tipificación del delito: La tipificación del delito se refiere a la descripción legal de los elementos constitutivos de un delito. Esto incluye la definición de los elementos esenciales que deben estar presentes para que un acto se considere un delito. La tipificación del delito es fundamental para establecer las normas legales que rigen el comportamiento criminal y para garantizar que las personas sean procesadas de manera justa y de acuerdo con la ley.

Título de propiedad: Un título de propiedad es un documento que acredita la propiedad de un bien, como una casa, un terreno o una propiedad inmobiliaria. Este documento contiene información detallada sobre la propiedad, como la descripción del bien, el nombre del propietario actual y cualquier gravamen o carga legal que afecte a la propiedad. El título de propiedad es esencial para establecer y transferir la propiedad de bienes inmuebles.

Título: Un título es un documento legal que otorga un derecho de propiedad o posesión sobre un bien. Puede ser un título de propiedad de una casa, un terreno, un automóvil u otro activo. Los títulos son pruebas de propiedad y se utilizan para transferir legalmente la propiedad de un bien de una persona a otra. La transferencia de un título generalmente implica un proceso legal que garantiza que la transacción sea válida y registrada adecuadamente.

Toma de decisiones: La toma de decisiones es el proceso de elegir una opción entre varias posibles. En el contexto legal, la toma de decisiones es un componente esencial de la resolución de disputas y la aplicación de la ley. Los tribunales y las autoridades judiciales deben tomar decisiones basadas en la evidencia y la ley aplicable para resolver casos legales y garantizar la justicia.

Toma de declaraciones: La toma de declaraciones se refiere al acto de registrar y documentar testimonios o declaraciones de personas en el contexto de una investigación, un proceso legal o una declaración jurada. Esta práctica es común en procedimientos judiciales, interrogatorios policiales y otros contextos legales donde es necesario recopilar información de testigos o partes involucradas en un caso. La toma de declaraciones es fundamental para establecer hechos, recopilar evidencia y garantizar la integridad de un proceso legal.

Toma de muestras: La toma de muestras se refiere a la recolección de muestras, como tejidos, fluidos corporales, evidencia física o cualquier otro material que sea relevante para una investigación o prueba legal. Estas muestras se recopilan de manera cuidadosa y siguiendo procedimientos específicos para garantizar su integridad y precisión. La toma de muestras es crucial en casos forenses, médicos y científicos, ya que puede proporcionar evidencia importante para esclarecer hechos o determinar responsabilidades.

Toma de posesión de bienes: La toma de posesión de bienes es el acto de tomar control de bienes tras una orden legal. Esto puede ocurrir en situaciones como la ejecución de una orden de embargo, una incautación de activos o una toma de posesión por parte de un fideicomisario o administrador designado por un tribunal. La toma de posesión de bienes generalmente se lleva a cabo para asegurar el cumplimiento de una obligación legal o el pago de una deuda.

Toma de posesión: La toma de posesión se refiere al acto de tomar control físico de un bien, propiedad o activo. Este proceso puede ser necesario en situaciones legales, como la ejecución de una orden judicial para tomar posesión de un bien embargado o incautado. La toma de posesión generalmente se realiza de manera oficial y documentada para garantizar que se respeten los derechos legales de todas las partes involucradas.

Toma de protesta: La toma de protesta es un acto formal en el cual una persona asume un cargo o posición y presta juramento de cumplir con sus deberes y responsabilidades de manera fiel y de acuerdo con la ley. Este proceso es común en el ámbito gubernamental y en organizaciones profesionales, donde los funcionarios o miembros electos deben jurar lealtad y compromiso con sus funciones.

Trabajador: Un trabajador es una persona que realiza una actividad laboral o empleo en una organización o empresa. Los trabajadores pueden ser empleados, contratistas independientes o autónomos, y realizan diversas funciones y roles en el mercado laboral. Los derechos y obligaciones de los trabajadores suelen estar regulados por leyes laborales y contratos de trabajo.

Trabajo en equipo: El trabajo en equipo se refiere a la colaboración de varias personas para lograr un objetivo común. En el contexto legal, el trabajo en equipo es esencial en muchas áreas, como en las firmas de abogados, los departamentos legales de empresas y las agencias gubernamentales. Los equipos legales trabajan juntos para investigar, preparar casos, representar a clientes y llevar a cabo actividades legales de manera efectiva.

Trabajo forzoso: El trabajo forzoso es una labor realizada bajo coacción o sin el consentimiento libre y voluntario de la persona que lo realiza. Esta práctica es ilegal en la mayoría de los países y está en contra de los derechos humanos fundamentales. El trabajo forzoso puede incluir formas de esclavitud, servidumbre, trabajo infantil explotador y otras formas de explotación laboral.

Trabajo realizado: El trabajo realizado se refiere a una actividad o tarea llevada a cabo por una persona. Puede abarcar una amplia gama de actividades, desde tareas manuales hasta trabajos intelectuales o creativos. El trabajo realizado puede ser objeto de contratos laborales, derechos de autor y otras cuestiones legales relacionadas con la propiedad y la compensación.

Tráfico de armas: El tráfico de armas se refiere al comercio ilegal de armamento, incluyendo armas de fuego, municiones y explosivos. Esta actividad ilegal puede tener graves implicaciones para la seguridad nacional e internacional, ya que facilita la proliferación de armas en manos de individuos y grupos criminales. Los esfuerzos legales y las regulaciones internacionales buscan combatir el tráfico de armas y prevenir su propagación.

Tráfico de drogas: El tráfico de drogas se refiere al comercio ilegal de sustancias estupefacientes, como drogas ilegales o controladas. Esta actividad ilegal involucra la producción, distribución y venta de drogas prohibidas y puede tener efectos devastadores en la salud pública y la seguridad.

Los delitos relacionados con el tráfico de drogas suelen estar sujetos a sanciones legales severas en muchos países.

Tráfico de influencias: El tráfico de influencias se refiere al uso indebido de influencia o poder para obtener beneficios personales o ventajas injustas. Esta práctica implica el uso de conexiones personales o relaciones para obtener acceso a oportunidades, favores o decisiones favorables en el ámbito público o privado. El tráfico de influencias a menudo se considera un delito y es objeto de regulaciones legales destinadas a prevenir la corrupción y garantizar la igualdad de oportunidades.

Tráfico de migrantes: El tráfico de migrantes se refiere al transporte ilegal de personas a través de fronteras nacionales. Esto implica ayudar a personas a ingresar ilegalmente a un país o facilitar su movimiento a través de rutas clandestinas. El tráfico de migrantes puede exponer a las personas a peligros, explotación y abuso, y es ilegal en la mayoría de las jurisdicciones. Las leyes y acuerdos internacionales buscan prevenir y sancionar esta actividad.

Tráfico de órganos: El tráfico de órganos se refiere al comercio ilegal de órganos humanos. Esta actividad implica la extracción y venta ilegal de órganos de personas vivas o fallecidas con el propósito de trasplantes. El tráfico de órganos es un delito grave y una violación de los derechos humanos fundamentales. Los esfuerzos legales y éticos buscan combatir esta práctica y promover donaciones de órganos legales y éticas.

Tráfico de personas: El tráfico de personas se refiere al comercio ilegal de seres humanos, a menudo con fines de explotación. Esto incluye la trata de personas con fines de trabajo forzoso, explotación sexual, trabajo infantil y otras formas de abuso y explotación. El tráfico de personas es un delito grave y una violación de los derechos humanos. Las leyes y acuerdos internacionales buscan prevenir y combatir esta forma de explotación.

Tráfico ilícito: El tráfico ilícito se refiere al comercio ilegal de bienes o servicios. Esto puede incluir productos falsificados, contrabando de mercancías, tráfico de armas, tráfico de drogas y otros actos ilegales relacionados con la transferencia de bienes o servicios. Las autoridades trabajan para prevenir y combatir el tráfico ilícito mediante la aplicación de leyes y regulaciones.

Tráfico vehicular: El tráfico vehicular se refiere a la circulación de vehículos en las vías públicas. Este tráfico incluye automóviles, camiones, motocicletas y otros tipos de vehículos que comparten las carreteras y calles. Las leyes de tránsito y regulaciones de tráfico están destinadas a garantizar la seguridad de los conductores y peatones y regular el flujo de vehículos en áreas urbanas y rurales.

Trámite administrativo: Un trámite administrativo es un proceso formal dentro de una entidad o institución gubernamental. Puede incluir la presentación de solicitudes, la revisión de documentos, la emisión de licencias o permisos y otros procedimientos relacionados con la administración de servicios públicos y regulaciones gubernamentales.

Trámite de audiencia: El trámite de audiencia se refiere al procedimiento para recibir argumentos o declaraciones de las partes en un proceso legal o administrativo. Esto puede incluir la celebración de audiencias públicas, donde las partes involucradas tienen la oportunidad de presentar evidencia y argumentos ante una autoridad o tribunal competente. El trámite de audiencia es esencial para garantizar que todas las partes tengan la oportunidad de ser escuchadas y presentar sus casos.

Trámite de juicio: El trámite de juicio es el conjunto de acciones y etapas que componen un proceso legal. Incluye la presentación de demandas, la recolección de pruebas, los argumentos legales, las audiencias y la emisión de sentencias. El trámite de juicio es fundamental para resolver disputas legales y determinar la responsabilidad y las sanciones en casos judiciales.

Trámite de recurso: El trámite de recurso se refiere al proceso para presentar y resolver un recurso legal. Cuando una parte en un caso legal no está satisfecha con una decisión del tribunal o de una autoridad administrativa, puede presentar un recurso para impugnar esa decisión. El trámite de recurso implica la revisión de argumentos y pruebas adicionales, y puede llevar a una reconsideración o modificación de la decisión original.

Trámite judicial: El trámite judicial es el proceso legal que se sigue en un tribunal para resolver disputas legales. Incluye la presentación de demandas, la celebración de audiencias, la presentación de pruebas, los argumentos legales y la emisión de fallos. El trámite judicial varía según la jurisdicción y el tipo de caso, pero tiene como objetivo garantizar la justicia y la aplicación de la ley.

Trámite notarial: El trámite notarial se refiere al procedimiento legal realizado por un notario público. Los notarios públicos son funcionarios que tienen autoridad para certificar y autenticar documentos legales, como contratos, testamentos, escrituras de propiedad y otros instrumentos legales. Los trámites notariales aseguran la validez y la autenticidad de los documentos y garantizan su cumplimiento legal.

Trámite registral: El trámite registral se refiere al proceso de inscripción o registro en una entidad oficial o registro público. Esto puede incluir la inscripción de propiedades, empresas, marcas comerciales, títulos de propiedad y otros documentos legales en registros gubernamentales. El trámite registral es importante para establecer derechos legales y proporcionar evidencia de la propiedad y otros intereses legítimos.

Trámite: Un trámite es un procedimiento administrativo o legal que se lleva a cabo para cumplir con requisitos específicos o resolver un asunto particular. Los trámites pueden incluir la presentación de documentos, la obtención de permisos, el pago de tarifas, la realización de notificaciones legales y otros procesos formales que son necesarios para cumplir con la ley o avanzar en un procedimiento específico.

Transacción: Una transacción se refiere a un acuerdo en el que las partes resuelven una disputa o negocio sin recurrir a un juicio completo. Las transacciones pueden incluir acuerdos financieros, contratos de compra-venta, acuerdos de liquidación, entre otros. En el ámbito legal, las transacciones a menudo involucran concesiones mutuas y la resolución de diferencias de manera negociada.

Transcripción: La transcripción se refiere a la conversión de un discurso oral en un documento escrito. Las transcripciones son comunes en procedimientos legales, tales como juicios, interrogatorios, grabaciones de testimonios, conferencias, discursos y entrevistas. Estas transcripciones escritas son importantes para mantener un registro preciso de las declaraciones y testimonios en situaciones legales y pueden utilizarse como pruebas o referencias futuras.

Traslado de dominio: El traslado de dominio se refiere al cambio de propiedad de un bien, en el que el derecho de propiedad se transfiere de una persona a otra. Este proceso legal generalmente implica la venta o transferencia de activos, como propiedades inmobiliarias, y puede requerir documentos legales y registros para formalizar la transferencia.

Traslado de expediente: El traslado de expediente se refiere al movimiento de un expediente o archivo de un tribunal a otro. Esto puede ocurrir cuando un caso es transferido a una jurisdicción diferente o cuando se requiere la revisión de un tribunal superior. El traslado de expediente garantiza que la información y los documentos pertinentes estén disponibles para su consideración en el nuevo tribunal.

Traslado de pruebas: El traslado de pruebas se refiere a la presentación de evidencia de un tribunal a otro. Esto puede ocurrir cuando un caso es apelado y la evidencia presentada en el tribunal original debe ser revisada por un tribunal superior. El traslado de pruebas es parte integral del proceso de apelación y permite que la evidencia se considere en un contexto de revisión.

Traslado de sentencia: El traslado de sentencia se refiere al movimiento de una sentencia de un tribunal a otro. Esto puede ocurrir en casos de apelación, donde una sentencia dictada por un tribunal inferior se envía a un tribunal superior para su revisión. El tribunal de apelación considera la legalidad y la justicia de la sentencia y puede confirmarla, modificarla o anularla.

Traslado de testigos: El traslado de testigos se refiere al movimiento de testigos de un tribunal a otro. Esto puede ocurrir en casos de apelación o cuando se requiere la declaración de un testigo en un tribunal diferente al que prestó testimonio inicialmente. El traslado de testigos permite que los testimonios sean considerados por diferentes tribunales en el proceso legal.

Traslado procesal: El traslado procesal se refiere al cambio de un proceso legal de un lugar a otro. Esto puede ocurrir cuando un caso se mueve a una jurisdicción diferente debido a un cambio de domicilio de una de las partes o a otros factores legales. El traslado procesal garantiza que el proceso legal continúe en el lugar adecuado de acuerdo con las leyes aplicables.

Traspaso de bienes: El traspaso de bienes se refiere a la transferencia de propiedad de un bien de una persona a otra. Esto puede ocurrir a través de la venta, donación, herencia u otros medios legales. El traspaso de bienes involucra la transferencia de derechos legales y la formalización de la propiedad en favor del nuevo propietario.

Traspaso de dominio: El traspaso de dominio es la transferencia de la propiedad de un bien de una persona a otra. Esto puede ocurrir a través de la compra, venta, donación o herencia. El traspaso de dominio implica la transferencia completa de los derechos de propiedad y la titularidad del bien.

Tratado internacional: Un tratado internacional es un acuerdo legal entre dos o más países o estados soberanos. Estos acuerdos establecen las obligaciones y derechos de las partes signatarias en relación con cuestiones específicas, como el comercio, la cooperación militar, los derechos humanos o el medio ambiente. Los tratados internacionales son vinculantes y están sujetos al derecho internacional.

Tratamiento penitenciario: El tratamiento penitenciario se refiere al conjunto de medidas y programas diseñados para la rehabilitación y la reintegración de personas que están cumpliendo una pena de prisión. Estos programas pueden incluir terapia, capacitación laboral, educación y otros servicios destinados a reducir la reincidencia delictiva y preparar a los reclusos para su regreso a la sociedad.

Tribunal colegiado: Un tribunal colegiado es un grupo de jueces que deciden casos en conjunto. Estos tribunales están compuestos por varios jueces que colaboran para tomar decisiones en casos legales. Los tribunales colegiados son comunes en sistemas judiciales y pueden utilizarse para resolver casos complejos o importantes.

Tribunal de alzada: Un tribunal de alzada es un tribunal superior que revisa decisiones de tribunales inferiores. Su función principal es considerar apelaciones presentadas por partes insatisfechas con las decisiones de tribunales de primera instancia. El tribunal de alzada examina la legalidad y la justicia de las decisiones previas y puede confirmarlas, modificarlas o anularlas.

Tribunal de enjuiciamiento: Un tribunal de enjuiciamiento es un tribunal que lleva a cabo el juicio oral en un proceso penal. Este tribunal escucha los argumentos legales, las pruebas y los testimonios de las partes involucradas y toma una decisión sobre la culpabilidad o inocencia del acusado. El tribunal de enjuiciamiento desempeña un papel crucial en el proceso de justicia penal.

Tribunal de garantías: Un tribunal de garantías es un tribunal encargado de proteger los derechos fundamentales de las personas. Su función principal es garantizar que los procesos legales sean justos y que se respeten los derechos de las partes involucradas. Estos tribunales pueden intervenir para corregir irregularidades procesales o violaciones de derechos en casos legales.

Agresión sexual: La agresión sexual se refiere a un acto de violencia de carácter sexual hacia otra persona sin su consentimiento. Puede incluir una variedad de acciones, desde tocamientos no deseados hasta violaciones, y es considerada un delito grave en la mayoría de los sistemas legales.

La persecución de casos de agresión sexual busca proteger los derechos y la seguridad de las víctimas, así como llevar a los agresores ante la justicia.

Tribunal de juicio: Un tribunal de juicio es un tribunal que lleva a cabo el proceso judicial y toma decisiones finales en un caso legal. Su función principal es administrar justicia y resolver disputas legales. En un tribunal de juicio, se presentan pruebas, se escuchan argumentos legales y se emite una sentencia final que puede incluir sanciones, multas o medidas correctivas.

Tribunal de justicia: Un tribunal de justicia es un órgano encargado de impartir justicia de acuerdo con la ley. Estos tribunales pueden tener jurisdicción en diversas áreas legales y administrar justicia en nombre del Estado. Su función es garantizar la igualdad ante la ley y la protección de los derechos legales de las personas.

Tribunal de lo contencioso-administrativo: Un tribunal de lo contencioso-administrativo es un tribunal que resuelve disputas entre ciudadanos y la administración pública. Estos tribunales se ocupan de casos en los que las personas impugnan decisiones gubernamentales, regulaciones o acciones administrativas que consideran injustas o ilegales.

Tribunal de lo penal: Un tribunal de lo penal es un tribunal encargado de juzgar delitos. Su función principal es llevar a cabo juicios penales, escuchar pruebas y testimonios relacionados con delitos y tomar decisiones sobre la culpabilidad o inocencia de los acusados. Los tribunales de lo penal juegan un papel fundamental en la justicia penal.

Tribunal de primera instancia: Un tribunal de primera instancia es un tribunal donde se inicia un proceso judicial. En este nivel de tribunal, se presentan demandas iniciales, se recopilan pruebas y se realizan audiencias preliminares. La función principal de un tribunal de primera instancia es llevar a cabo el proceso legal inicial y tomar decisiones iniciales sobre los casos antes de que puedan ser apelados a tribunales superiores.

Tribunal de segunda instancia: Un tribunal de segunda instancia es un tribunal superior que revisa las decisiones tomadas por tribunales de primera instancia. Su función principal es examinar las apelaciones presentadas por las partes descontentas con las decisiones de los tribunales de primera instancia. Este nivel de tribunal revisa si se ha aplicado correctamente la ley y si se han respetado los procedimientos legales en los casos.

Tribunal de sentencia: Un tribunal de sentencia es un tribunal que emite una sentencia en un caso judicial. Luego de llevar a cabo el juicio y considerar todas las pruebas y argumentos presentados por las partes, el tribunal de sentencia emite una decisión final que puede incluir sanciones, multas, penas de prisión o medidas correctivas, dependiendo del tipo de caso y la jurisdicción.

Tribunal de última instancia: Un tribunal de última instancia es un tribunal cuyas decisiones no pueden ser apeladas. En algunas jurisdicciones, este tribunal se conoce como la "corte suprema" o el "tribunal supremo". Su función es revisar y tomar decisiones finales sobre cuestiones legales, asegurando que se aplique la ley de manera uniforme y consistente en todo el sistema judicial.

Tribunal de valoración: Un tribunal de valoración es un tribunal que evalúa daños o perjuicios en un proceso legal. En casos civiles, este tribunal determina la cantidad de compensación o indemnización que debe otorgarse a una parte perjudicada como resultado de una acción legal. El tribunal de valoración toma en consideración pruebas y argumentos para determinar el valor de los daños sufridos.

Tribunal de vigilancia: Un tribunal de vigilancia es un tribunal encargado de supervisar ciertos aspectos del sistema judicial. Esto puede incluir la revisión de la conducta de los jueces, la administración de fondos judiciales o la supervisión de procedimientos legales específicos. Su función es garantizar la integridad y la transparencia en el sistema judicial.

Tribunal electoral: Un tribunal electoral es un órgano encargado de administrar elecciones y resolver disputas electorales. Su función principal es supervisar el proceso electoral, asegurando que se cumplan las leyes y regulaciones electorales, y resolver cualquier disputa relacionada con los resultados o la conducta durante las elecciones.

Tribunal fiscal: Un tribunal fiscal es un órgano encargado de resolver disputas fiscales entre contribuyentes y autoridades tributarias. Su función principal es garantizar que se aplique la ley fiscal de manera justa y equitativa, y resolver conflictos relacionados con impuestos, tasas y tributos.

Tribunal: Un tribunal es un órgano judicial encargado de administrar justicia y resolver disputas legales de acuerdo con la ley. Los tribunales pueden tener jurisdicción sobre una amplia variedad de casos, desde asuntos civiles hasta penales y administrativos. Su función principal es garantizar la aplicación justa y equitativa de la ley y tomar decisiones legales basadas en pruebas y argumentos presentados por las partes involucradas.

Tutela administrativa: La tutela administrativa es una acción legal para proteger los derechos de una persona frente a actos administrativos, decisiones o acciones tomadas por una entidad gubernamental o administrativa. Esta acción puede incluir la presentación de reclamaciones, recursos o apelaciones contra decisiones administrativas que se consideran injustas o ilegales.

Tutela cautelar: La tutela cautelar es una medida legal que se toma para proteger los derechos de una persona de manera temporal. Esta medida se implementa mientras se resuelve un conflicto legal o se lleva a cabo un proceso legal completo. La tutela cautelar puede incluir la emisión de órdenes de restricción, medidas de protección o suspensiones temporales de decisiones o acciones.

Tutela colectiva: La tutela colectiva se refiere a la protección legal de los derechos de un grupo de personas en lugar de un individuo. Esto puede involucrar demandas o acciones legales en nombre de un grupo de personas que comparten intereses o han sido afectadas por una situación o acción en común.

Tutela de intereses: La tutela de intereses es una acción legal destinada a proteger intereses legítimos en situaciones en las que no se ven directamente afectados los derechos de una persona. Esto puede incluir la representación legal de intereses comerciales, públicos o institucionales en procedimientos legales.

Tutela de oficio: La tutela de oficio es una acción legal que se inicia de oficio, es decir, sin necesidad de una solicitud por parte de una persona interesada. Esto ocurre cuando una autoridad o entidad legal toma medidas para proteger los derechos o intereses de manera automática o por mandato legal.

Tutela de tutelas: La tutela de tutelas es una acción legal para proteger derechos fundamentales, especialmente cuando se considera que otros recursos legales o procedimientos no son efectivos para garantizar su protección. Esta tutela se utiliza para preservar la integridad de los derechos fundamentales de una persona.

Tutela de urgencia: La tutela de urgencia es una acción legal destinada a proteger derechos en situaciones urgentes o de inminente peligro. Esta medida se toma rápidamente para evitar daños irreparables o violaciones de derechos en un plazo breve.

Tutela diferenciada: La tutela diferenciada se refiere a la protección legal específica que se brinda a ciertos grupos de personas o situaciones que requieren un enfoque especializado. Puede incluir medidas específicas para la protección de grupos vulnerables o la consideración de circunstancias únicas en procedimientos legales.

Tutela ejecutiva: La tutela ejecutiva es una acción legal destinada a hacer cumplir una sentencia o resolución emitida por un tribunal. Se utiliza para garantizar que las decisiones judiciales sean aplicadas y que se cumplan las obligaciones impuestas por el tribunal.

Tutela judicial efectiva: La tutela judicial efectiva es un derecho fundamental que garantiza el acceso a la justicia y la protección de derechos a través de tribunales imparciales y procedimientos legales justos. Este derecho es esencial para la defensa de los intereses legales de las personas.

Tutela jurídica: La tutela jurídica se refiere a la protección legal de los derechos y obligaciones de una persona. Incluye la representación legal, la asesoría legal y la defensa de los intereses legales en procedimientos legales y administrativos.

Tutela jurisdiccional: La tutela jurisdiccional se refiere al acceso a la justicia y la protección de derechos a través de tribunales y procedimientos legales. Garantiza que las personas tengan la posibilidad de resolver disputas legales y hacer valer sus derechos en un entorno legal.

Tutela laboral: La tutela laboral se refiere a la protección legal de los derechos laborales de los trabajadores. Esto incluye la defensa de los derechos de los empleados en cuestiones relacionadas con el trabajo, como salarios, condiciones laborales y despidos injustos.

Tutela preventiva de daños: La tutela preventiva de daños es una acción legal destinada a prevenir daños o perjuicios antes de que ocurran. Se toma para evitar que situaciones adversas causen daños a personas o bienes.

Tutela preventiva: La tutela preventiva es una acción legal destinada a prevenir daños o violaciones de derechos antes de que ocurran. Se implementa para evitar situaciones perjudiciales o riesgosas antes de que se materialicen.

Tutela procesal de derechos: La tutela procesal de derechos se refiere a la protección legal de derechos durante un proceso judicial. Garantiza que los derechos de las partes involucradas sean respetados y protegidos a lo largo del procedimiento legal.

Tutela procesal: La tutela procesal es una acción legal para proteger derechos en el marco de un proceso judicial. Esto puede incluir la solicitud de medidas cautelares, la presentación de recursos o la impugnación de decisiones judiciales durante el proceso legal.

Tutela sindical: La tutela sindical es la protección legal de los derechos de los sindicatos y sus miembros. Esto incluye la defensa de los derechos de los trabajadores a organizarse, negociar colectivamente y participar en actividades sindicales.

Tutela sumaria: La tutela sumaria es una forma rápida y provisional de protección legal de derechos. Se toma de manera expedita para abordar situaciones urgentes o prevenir daños inminentes.

Tutela: La tutela es la protección legal de los derechos de una persona. Puede implicar la designación de un tutor legal para cuidar y tomar decisiones en nombre de un individuo que no puede hacerlo por sí mismo debido a su edad, discapacidad o incapacidad.

Tutelar: El término "tutelar" está relacionado con la protección legal y judicial de derechos. Puede referirse a acciones, medidas o procedimientos destinados a garantizar la protección de los derechos de una persona o entidad.

Ubicación: La ubicación se refiere al lugar físico donde se encuentra algo. En el contexto legal, la ubicación puede ser relevante para determinar la jurisdicción o competencia de un tribunal, la propiedad de un bien, la ejecución de un contrato y otros asuntos legales.

Ultimátum: Un ultimátum es una última exigencia o advertencia antes de tomar medidas drásticas o tomar una decisión final. En el ámbito legal, un ultimátum puede ser utilizado para notificar a una parte que debe tomar ciertas acciones o cumplir con ciertas condiciones dentro de un plazo específico o enfrentar consecuencias legales.

Ultraje: El ultraje se refiere a una ofensa grave o humillación. En el ámbito legal, el ultraje puede estar relacionado con delitos de difamación, calumnia o injuria, en los que se ataca la reputación o el honor de una persona de manera injusta y dañina.

Unidad de ejecución: Una unidad de ejecución se refiere a una parcela de terreno urbanizable que se desarrolla de forma conjunta. En el contexto legal y urbanístico, se utiliza para describir la planificación y desarrollo de áreas urbanas específicas.

Unidad de inteligencia financiera: Una unidad de inteligencia financiera es una entidad encargada de investigar y combatir actividades financieras ilícitas, como el lavado de dinero y la financiación del terrorismo. Estas unidades recopilan información financiera y realizan análisis para detectar y prevenir actividades delictivas relacionadas con el sistema financiero.

Unidad de medida y actualización (UMA): La Unidad de Medida y Actualización (UMA) es un parámetro económico utilizado en México para calcular multas, obligaciones financieras y otros aspectos relacionados con la economía y el derecho. La UMA se actualiza periódicamente para reflejar cambios en el costo de vida.

Unidad de medida: Una unidad de medida es un estándar utilizado para medir cantidades en diversas disciplinas, como la física, la economía y la ciencia. En el ámbito legal, las unidades de medida pueden ser relevantes para la determinación de multas, tasas y otras obligaciones económicas.

Unidad de negocio independiente: Una unidad de negocio independiente es una parte de una entidad que funciona de manera autónoma y no está directamente vinculada a otras unidades de negocio. Esto significa que tiene su propia gestión y operación independiente.

Unidad de negocio: Una unidad de negocio es una parte de una entidad que opera de manera independiente y puede estar dedicada a actividades comerciales específicas. En el ámbito legal, las unidades de negocio pueden ser consideradas como entidades separadas con sus propias responsabilidades y operaciones.

Unidad familiar: Una unidad familiar se refiere a un grupo de personas relacionadas por parentesco y que conviven en un mismo hogar. En cuestiones legales, la unidad familiar puede ser relevante en casos de herencias, asuntos de familia y otros asuntos relacionados con la convivencia y las relaciones familiares.

Unidad habitacional: Una unidad habitacional se refiere a un conjunto de viviendas ubicadas en un área específica. En el contexto legal y urbanístico, las unidades habitacionales pueden estar sujetas a regulaciones y normativas relacionadas con la vivienda y el desarrollo urbano.

Unificación de criterios: La unificación de criterios es un proceso legal que tiene como objetivo establecer una interpretación coherente y uniforme de la ley en diferentes casos. Esto es importante para garantizar la consistencia en la aplicación de la ley en el sistema judicial.

Unificación de penas: La unificación de penas es un proceso legal que implica la combinación de varias penas en una sola cuando una persona ha sido condenada por múltiples delitos. Esto puede simplificar el proceso de cumplimiento de penas y garantizar que se respeten los derechos del recluso.

Unificación de recursos: La unificación de recursos es un proceso legal que implica la combinación de varios recursos legales en uno solo. Esto puede ocurrir cuando se presentan múltiples recursos relacionados con el mismo asunto legal, lo que permite una revisión más eficiente y coordinada.

Unificación de sentencias: La unificación de sentencias es un proceso legal que implica la combinación de varias sentencias en una sola. Esto puede ocurrir cuando una persona ha sido condenada en diferentes jurisdicciones o momentos por delitos relacionados, lo que permite una aplicación más coherente de las penas.

Unilateral: Lo unilateral se refiere a una acción que se realiza por una de las partes involucradas en una situación legal sin el consentimiento o la participación de la otra parte. En algunos contextos legales, las decisiones unilaterales pueden estar sujetas a revisión o desafío si se considera que violan derechos o acuerdos existentes.

Unión civil: La unión civil es el reconocimiento legal de una relación entre dos personas que es similar al matrimonio en términos de derechos y responsabilidades, pero que no implica un matrimonio religioso o tradicional. La unión civil proporciona a las parejas legalmente reconocidas los mismos derechos y protecciones que un matrimonio en muchos aspectos legales.

Unión contractual de trabajo: Una unión contractual de trabajo se refiere a una relación laboral establecida por medio de un contrato entre un empleador y un empleado. En este contexto, el contrato de trabajo establece los términos y condiciones de empleo, incluyendo salario, horario laboral, responsabilidades y otros aspectos relacionados con el empleo.

Unión contractual: Una unión contractual se refiere a una relación legal establecida por medio de un contrato. En esta relación, las partes involucradas están sujetas a los términos y condiciones establecidos en el contrato, que puede abordar una amplia variedad de acuerdos y obligaciones legales.

Unión conyugal: La unión conyugal es un vínculo legal entre cónyuges, es decir, entre personas casadas legalmente. En muchos sistemas legales, el matrimonio es la forma más común de establecer una unión conyugal, y esta relación implica derechos y responsabilidades legales específicos.

Unión de comerciantes: Una unión de comerciantes es una asociación de individuos o empresas que se unen con fines comerciales específicos. Estas uniones pueden tener objetivos como la promoción de intereses comerciales, la cooperación en actividades comerciales o la representación de intereses comerciales compartidos ante autoridades o terceros.

Unión de crédito y ahorro: Una unión de crédito y ahorro es una institución financiera que ofrece tanto servicios de ahorro como préstamos a sus miembros. Estas instituciones suelen enfocarse en brindar beneficios financieros a sus miembros y pueden operar de manera similar a las cooperativas de crédito.

Unión de crédito: Una unión de crédito es una institución financiera similar a un banco que ofrece servicios de ahorro y préstamo a sus miembros. Estas instituciones pueden proporcionar una amplia gama de servicios financieros y están organizadas como cooperativas de crédito, donde los miembros comparten la propiedad y la gestión.

Unión de empresas: Una unión de empresas es una asociación de dos o más empresas que se unen con fines comunes, como la colaboración en proyectos específicos o la búsqueda de objetivos comerciales compartidos. Esta unión puede tomar diversas formas legales y contractuales, dependiendo de los objetivos y la estructura de las empresas involucradas.

Unión de hecho conyugal: Una unión de hecho conyugal es una forma de convivencia marital similar a un matrimonio legal, pero que no está formalizada mediante un contrato de matrimonio o una unión civil. Las parejas que viven en una unión de hecho conyugal suelen compartir derechos y responsabilidades legales similares a las de un matrimonio legal.

Unión de hecho: Una unión de hecho se refiere a la convivencia marital entre dos personas sin un matrimonio legal o una unión civil formalizada. En algunos sistemas legales, las uniones de hecho pueden otorgar ciertos derechos y responsabilidades a las parejas que conviven, aunque no tengan un matrimonio legal.

Unión libre: La unión libre se refiere a la convivencia marital entre dos personas sin formalizar mediante un matrimonio legal o una unión civil. En este tipo de unión, las parejas pueden vivir juntas y compartir una vida en común sin los formalismos legales asociados al matrimonio.

Unión matrimonial: La unión matrimonial es un vínculo legal establecido entre dos personas mediante un matrimonio legalmente reconocido. Esta forma de unión conlleva derechos y responsabilidades legales específicos y es formalizada mediante un contrato de matrimonio o un acto legal similar.

Unión sindical: Una unión sindical es una asociación de sindicatos o trabajadores que se unen con el propósito de coordinar sus esfuerzos y defender sus intereses comunes en cuestiones laborales, sindicales y de empleo.

Unipersonal: El término "unipersonal" se refiere a algo que está relacionado con una sola persona o entidad. Por ejemplo, una empresa unipersonal es una entidad comercial que es propiedad y está gestionada por una sola persona, en contraposición a las empresas con múltiples propietarios o accionistas.

Urbanismo: El urbanismo es el campo de estudio y la práctica relacionada con la planificación y el diseño de áreas urbanas, incluyendo la organización de espacios, la infraestructura, el desarrollo de viviendas y la gestión del crecimiento urbano. En el ámbito legal, las regulaciones de urbanismo son importantes para la planificación urbana y el desarrollo de ciudades y áreas metropolitanas.

Urbanización: La urbanización es el proceso de desarrollo y transformación de áreas rurales o suburbanas en áreas urbanas, lo que implica la construcción de infraestructuras, viviendas y la creación de entornos urbanos. Las regulaciones y normativas legales suelen regir el proceso de urbanización para garantizar el uso adecuado del suelo y la planificación urbana sostenible.

Urgencia: La urgencia se refiere a una situación que requiere una acción rápida o inmediata debido a la importancia o la gravedad de la misma. En el ámbito legal, las medidas de urgencia pueden incluir órdenes judiciales para proteger los derechos de una persona o prevenir daños inminentes.

Uso agrícola: El uso agrícola se refiere al destino de un terreno o propiedad para el cultivo de alimentos o productos agrícolas. Este uso implica actividades relacionadas con la agricultura, como la siembra, el cuidado de cultivos y la producción de alimentos.

Uso comercial: El uso comercial hace referencia al destino de un terreno o propiedad para actividades de negocio y comercio. Esto puede incluir la apertura de tiendas, oficinas, restaurantes u otros establecimientos comerciales.

Uso compartido de recursos: El uso compartido de recursos implica la utilización conjunta de bienes o servicios entre varias partes. Esto puede ser beneficioso para optimizar el uso de recursos limitados y reducir costos.

Uso compartido de vehículos: El uso compartido de vehículos es una práctica en la que varias personas comparten un vehículo para reducir costos y minimizar el impacto ambiental. Esto puede incluir servicios de ridesharing, carpooling o el uso compartido de bicicletas y scooters.

Uso compartido: El uso compartido se refiere a la práctica de compartir un recurso o espacio por varias partes. Esto puede aplicarse a bienes físicos, como vehículos compartidos, o a recursos virtuales, como archivos en la nube compartidos por múltiples usuarios.

Uso de armas: El uso de armas se refiere a la utilización de armamento, ya sea de manera legal o ilegal. En el contexto legal, el uso de armas puede estar regulado por leyes que establecen quiénes pueden portar armas y en qué circunstancias.

Uso de bienes públicos: El uso de bienes públicos hace referencia a la utilización de bienes de dominio público, como parques, calles y espacios públicos. El uso de estos bienes está regulado por las autoridades públicas y generalmente está destinado al disfrute de la comunidad en general.

Uso de bienes: El uso de bienes se refiere a la utilización de propiedad ajena, ya sea a través de un contrato de alquiler, préstamo o de otra manera acordada. El uso de bienes puede estar sujeto a términos y condiciones específicos.

Uso de documento falso: El uso de documento falso implica la utilización de un documento que ha sido falsificado o alterado con la intención de engañar o cometer un fraude. Esta práctica es ilegal y puede tener consecuencias legales graves.
Uso de energía: El uso de energía se refiere al consumo de recursos energéticos, como electricidad, gas o combustibles, para llevar a cabo actividades humanas, industriales o comerciales. La gestión eficiente del uso de energía es importante para la sostenibilidad y la conservación de recursos.

Uso de la fuerza: El uso de la fuerza implica la utilización de fuerza física, a menudo por parte de las autoridades o en situaciones de defensa propia. El uso de la fuerza puede estar regulado por leyes que establecen cuándo y cómo se puede aplicar la fuerza.

Uso de la vivienda: El uso de la vivienda se refiere a la utilización de una propiedad con el propósito de vivir en ella. Esto incluye el alquiler de viviendas y la propiedad de viviendas para residencia personal.

Uso de marcas: El uso de marcas hace referencia a la utilización de marcas registradas en productos, servicios o publicidad. El uso no autorizado de una marca registrada puede constituir una infracción de derechos de propiedad intelectual.

Uso de medios electrónicos: El uso de medios electrónicos implica la utilización de dispositivos y tecnologías electrónicas para llevar a cabo diversas actividades, como comunicación, transacciones comerciales o entretenimiento. Esto puede incluir el uso de dispositivos electrónicos, redes sociales, correo electrónico y otras herramientas digitales.

Uso de recursos naturales: El uso de recursos naturales se refiere a la utilización de recursos provenientes de la naturaleza, como agua, minerales, bosques o combustibles fósiles, para satisfacer las necesidades humanas. La gestión sostenible de los recursos naturales es fundamental para la conservación del medio ambiente.

Uso de software: El uso de software implica la utilización de programas informáticos en dispositivos electrónicos para llevar a cabo diversas tareas, desde procesamiento de datos hasta aplicaciones de entretenimiento. El uso de software está sujeto a licencias y términos de uso específicos.

Uso de suelo: El uso de suelo se refiere al uso permitido de un terreno de acuerdo con las regulaciones y zonificaciones establecidas por las autoridades locales. Esto puede incluir zonas residenciales, comerciales, industriales o recreativas, entre otras.

Uso de tecnología de la información: El uso de tecnología de la información implica la utilización de tecnologías de la información y comunicación (TIC) para almacenar, procesar, transmitir y gestionar información de manera eficiente. Esto abarca desde el uso de computadoras personales hasta la gestión de sistemas de información empresarial.

Uso de tecnologías: El uso de tecnologías se refiere a la utilización de diversas tecnologías en diversas áreas, como la industria, la medicina, la comunicación, la energía y más. Las tecnologías pueden abarcar desde dispositivos físicos hasta sistemas y aplicaciones digitales.

Uso forestal: El uso forestal implica la utilización de terrenos forestales para actividades relacionadas con la silvicultura, la explotación forestal sostenible y la conservación de los recursos naturales en áreas boscosas.

Uso habitacional: El uso habitacional se refiere a la utilización de propiedades con fines de vivienda. Esto incluye viviendas unifamiliares, apartamentos, condominios y cualquier otro tipo de alojamiento destinado a la residencia de personas.

Uso indebido de drogas: El uso indebido de drogas implica el consumo ilegal o abusivo de sustancias estupefacientes, psicotrópicas o controladas, que puede tener efectos negativos en la salud y la sociedad. Este comportamiento suele estar regulado por leyes de control de drogas.

Uso indebido de información: El uso indebido de información se refiere a la utilización inadecuada o fraudulenta de información confidencial o privilegiada, generalmente con el propósito de obtener beneficios ilícitos o causar daño a terceros. Esto puede constituir un delito.

Uso indebido: El uso indebido se refiere a la utilización incorrecta o ilegal de algo, ya sea un bien, una sustancia o información. El uso indebido puede tener consecuencias legales y éticas.

Uso industrial: El uso industrial se refiere a la utilización de propiedades con fines industriales, como la fabricación, la producción, el procesamiento o la distribución de bienes y productos. Las zonas industriales suelen estar designadas para este tipo de actividad.

Uso medicinal: El uso medicinal implica la utilización de sustancias con fines médicos o terapéuticos, como medicamentos, tratamientos y terapias, para el diagnóstico, la prevención o la cura de enfermedades y trastornos de salud.

Uso público: El uso público hace referencia a la utilización de bienes o espacios que están disponibles para el público en general. Esto puede incluir parques, bibliotecas, calles y otras áreas de acceso público.

Uso recreativo de espacios públicos: El uso recreativo de espacios públicos implica la utilización de áreas públicas para actividades de ocio y recreación, como deportes, picnic, caminatas y actividades al aire libre.

Uso recreativo: El uso recreativo se refiere a la utilización de bienes o espacios con fines de entretenimiento y recreación. Esto incluye actividades como parques de diversiones, áreas de juego y espacios recreativos al aire libre.

Uso residencial: El uso residencial se refiere a la utilización de propiedades con el propósito de vivienda. Esto incluye viviendas unifamiliares, apartamentos, condominios y cualquier otro tipo de alojamiento destinado a la residencia de personas.

Uso terapéutico: El uso terapéutico implica la utilización de terapias o tratamientos para mejorar la salud física o mental de una persona. Esto puede incluir terapias médicas, psicológicas o físicas, según las necesidades del paciente.

Uso turístico: El uso turístico se refiere a la utilización de bienes o espacios con fines turísticos, como hoteles, resorts, atracciones turísticas y otros servicios relacionados con el turismo.

Usos locativos: Los usos locativos se refieren a las condiciones y términos de alquiler de propiedades, incluyendo el precio del alquiler, la duración del contrato y las responsabilidades del arrendador y el arrendatario.

Usos y costumbres: Los usos y costumbres se refieren a las prácticas y tradiciones que son comunes en una comunidad o sociedad en particular. Estas prácticas a menudo no están escritas, pero son ampliamente aceptadas y seguidas por la comunidad.

Usucapiente: El usucapiente es una persona que adquiere la propiedad de un bien por posesión prolongada y continua, de acuerdo con las leyes de usucapión. Esta adquisición de propiedad se basa en el principio de que, si alguien posee un bien durante un período de tiempo especificado, puede adquirir la propiedad legal de ese bien.

Usucapión de bienes muebles: La usucapión de bienes muebles se refiere a la adquisición de propiedad de objetos o bienes muebles por posesión prolongada y continua. Esto significa que, si una persona ha poseído un objeto mueble durante un período de tiempo especificado, puede adquirir la propiedad legal de ese objeto mediante usucapión.

Usucapión de buena fe: La usucapión de buena fe implica la adquisición de propiedad por posesión prolongada con la creencia legítima de que se tiene derecho a la propiedad. En algunos sistemas legales, la buena fe del poseedor puede influir en el proceso de usucapión y en la determinación de si se cumple con los requisitos necesarios.

Usucapión de cosas muebles: La usucapión de cosas muebles se refiere a la adquisición de propiedad de objetos o bienes muebles por posesión prolongada y continua. Este proceso puede variar según las leyes locales y las regulaciones específicas.

Usucapión de mala fe: La usucapión de mala fe implica la adquisición de propiedad por posesión prolongada con conocimiento de que no se tiene derecho a la propiedad. En algunos sistemas legales, la mala fe del poseedor puede influir en el proceso de usucapión y en la determinación de si se cumplen los requisitos necesarios.

Usucapión de predios agrícolas: La usucapión de predios agrícolas se refiere a la adquisición de propiedad de terrenos destinados a la agricultura por posesión prolongada y continua. Esto implica que, si una persona ha poseído y trabajado la tierra agrícola durante un período de tiempo especificado, puede adquirir la propiedad legal de esos terrenos mediante usucapión.

Usucapión de predios baldíos: La usucapión de predios baldíos se refiere a la adquisición de propiedad de terrenos que no tienen dueño registrado por posesión prolongada y continua. En algunos casos, cuando un terreno está abandonado y no se reclama por un propietario, otra persona puede adquirir la propiedad legal de esos terrenos mediante usucapión.

Usucapión de predios rústicos: La usucapión de predios rústicos se refiere a la adquisición de propiedad de terrenos rústicos o rurales por posesión prolongada y continua. Esto puede aplicarse a terrenos utilizados para actividades agrícolas, ganaderas u otros fines rurales.

Usucapión de predios urbanos: La usucapión de predios urbanos se refiere a la adquisición de propiedad de terrenos urbanos por posesión prolongada y continua. Esto implica que, si una persona ha poseído y utilizado un terreno urbano durante un período de tiempo especificado, puede adquirir la propiedad legal de esos terrenos mediante usucapión.

Usucapión extraordinaria: La usucapión extraordinaria es un proceso legal que permite la adquisición de propiedad por posesión prolongada, incluso cuando no se cuenta con un título de propiedad válido. Este tipo de usucapión suele estar sujeto a requisitos específicos y puede aplicarse en circunstancias excepcionales.

Usucapión ordinaria: La usucapión ordinaria es un proceso legal que permite la adquisición de propiedad por posesión prolongada y continua de un bien, siempre que se cumplan los requisitos establecidos por las leyes locales. A diferencia de la usucapión extraordinaria, la usucapión ordinaria generalmente requiere que el poseedor tenga un título de propiedad válido o creencia legítima en el derecho de propiedad.

Usucapión: La usucapión es el proceso legal mediante el cual una persona adquiere la propiedad de un bien por posesión prolongada y continua, de acuerdo con las leyes y regulaciones locales. Este proceso tiene en cuenta el uso pacífico y constante de la propiedad durante un período específico y, una vez cumplidos los requisitos, el poseedor se convierte en el propietario legal del bien.

Usufructo vitalicio de inmuebles: El usufructo vitalicio de inmuebles es un derecho que permite a una persona (usufructuario) disfrutar de los beneficios de una propiedad inmueble, como una casa, durante toda su vida, mientras el propietario mantiene la titularidad de la propiedad. Al fallecimiento del usufructuario, la propiedad puede revertir al propietario o a otra persona designada.

Usufructo vitalicio: El usufructo vitalicio es un derecho que permite a una persona (usufructuario) disfrutar de los beneficios de un bien durante toda su vida, mientras el propietario conserva la propiedad del bien. Este tipo de usufructo termina con la muerte del usufructuario.

Usufructo: El usufructo es un derecho legal que permite a una persona (llamada usufructuario) disfrutar de los beneficios de un bien que pertenece a otra persona (llamada propietario). El usufructo puede otorgarse sobre bienes muebles o inmuebles y puede ser vitalicio o temporal, según los términos acordados.

Usufructuario: El usufructuario es la persona que tiene el derecho de usufructo sobre un bien, lo que le permite disfrutar de los beneficios y el uso de ese bien, aunque la propiedad legal siga siendo del propietario. El usufructuario tiene la obligación de usar el bien de manera razonable y mantenerlo en buen estado.

Usura: La usura se refiere al préstamo de dinero con intereses excesivos y abusivos, que van más allá de lo que se considera razonable y justo. La usura está prohibida en muchas jurisdicciones y puede dar lugar a sanciones legales.

Usurpación: La usurpación es la acción de tomar posesión de un bien ajeno de manera ilegal, sin el permiso o la autorización del propietario legítimo. La usurpación implica la ocupación ilegal de propiedades, terrenos o espacios que no pertenecen al usurpador y puede dar lugar a acciones legales por parte del propietario para recuperar la posesión.

Venta forzosa: Una venta forzosa es aquella que se realiza bajo coacción o por decisión judicial. Puede ocurrir en situaciones en las que un tribunal ordena la venta de un bien para satisfacer una deuda u otra obligación legal, y generalmente se lleva a cabo de manera involuntaria por parte del propietario.

Venta judicial: La venta judicial se refiere a la venta de bienes a través de un proceso judicial, generalmente con el propósito de satisfacer una deuda u otra obligación legal. Esta venta se realiza bajo la supervisión y autorización de un tribunal y suele ser pública.

Venta pública: Una venta pública es aquella en la que los bienes se ponen a la venta en un proceso abierto y público, a menudo a través de una subasta o licitación. Las ventas públicas pueden ser utilizadas en diversos contextos, como subastas de arte, bienes raíces o ejecuciones hipotecarias.

Venta voluntaria: La venta voluntaria es aquella que se realiza por elección propia y sin coacción. En este tipo de venta, el vendedor decide vender un bien de manera voluntaria, sin presión externa .

Ventas a plazos: Las ventas a plazos se refieren a la venta de bienes o servicios con pagos diferidos en el tiempo. En este tipo de transacción, el comprador acuerda pagar el precio de compra en cuotas o plazos a lo largo de un período determinado.

Veracidad: La veracidad se refiere a la calidad de ser veraz o verdadero, es decir, la cualidad de estar en conformidad con la verdad o la realidad. La veracidad implica honestidad y precisión en la comunicación de información.

Verificación: La verificación es el proceso de confirmar o comprobar la autenticidad o exactitud de algo. Puede aplicarse a documentos, datos, hechos o información para garantizar que sean verídicos y confiables.

Verosimilitud: La verosimilitud se refiere a la apariencia de verdad o probabilidad en una declaración, argumento o situación. Indica que algo parece ser cierto o probable, aunque no necesariamente lo sea.

Vía de acceso: La vía de acceso es la ruta o medio utilizado para llegar a un lugar o alcanzar un objetivo específico. Puede referirse a carreteras, caminos, senderos u otros medios de transporte.
Vía de amparo: La vía de amparo es un procedimiento legal utilizado en algunos sistemas legales para proteger los derechos fundamentales de las personas. Permite a los individuos buscar protección judicial cuando consideran que sus derechos están siendo violados por actos de autoridades gubernamentales.

Vía de apremio: La vía de apremio se refiere a medidas coercitivas utilizadas para forzar el cumplimiento de una obligación, como el pago de una deuda. Puede implicar la ejecución de bienes o la imposición de sanciones.

Vía de hecho: La vía de hecho se refiere a una acción tomada fuera del marco legal o sin la autoridad adecuada. Puede incluir actos de violencia, tomas ilegales de propiedades o acciones que no se ajustan a la normativa legal.

Vía de impugnación: La vía de impugnación es un recurso legal utilizado para cuestionar o impugnar decisiones judiciales, administrativas o de otro tipo. Permite a las partes desacuerdo presentar argumentos contra una decisión y buscar su revisión.

Vía de oposición: La vía de oposición es un proceso legal mediante el cual una parte manifiesta su desacuerdo o contradicción con respecto a una solicitud, demanda o reclamación presentada por otra parte. Permite expresar objeciones y defender intereses.

Vía de reclamación: La vía de reclamación es un procedimiento utilizado para presentar una queja o demanda sobre un asunto específico. Puede aplicarse en diversos contextos, como reclamaciones laborales, de seguros o de consumidores.

Vía de recurso: La vía de recurso es un camino legal que permite a las partes en un proceso judicial apelar o impugnar decisiones judiciales con las que no están de acuerdo. Los recursos pueden ser presentados ante tribunales superiores para su revisión.

Vía de resarcimiento: La vía de resarcimiento es un medio para buscar compensación por daños o perjuicios sufridos como resultado de una acción o negligencia. Puede implicar una demanda o proceso legal para obtener una indemnización.

Vía de restitución: La vía de restitución se refiere a un procedimiento legal utilizado para la restitución de algo que se considera injustamente arrebatado o tomado de su legítimo propietario. El objetivo es devolver el bien a su dueño original.

Vía de revisión: La vía de revisión es un proceso legal que permite revisar y corregir decisiones judiciales anteriores. Puede aplicarse en casos donde se descubren errores, irregularidades o nuevas pruebas que justifiquen la revisión de una sentencia.

Vía de saneamiento: La vía de saneamiento es un procedimiento legal utilizado para corregir defectos o irregularidades en un acto o contrato. Tiene como objetivo rectificar errores u omisiones en documentos legales.

Vía ejecutiva: La vía ejecutiva es un proceso legal utilizado para hacer cumplir una sentencia o resolución judicial. Implica la ejecución de medidas para garantizar que las decisiones judiciales se cumplan, como la confiscación de bienes.

Vía judicial: La vía judicial se refiere a procedimientos llevados a cabo ante los tribunales o la resolución de disputas a través del sistema judicial. Involucra la presentación de casos y la toma de decisiones por parte de jueces y magistrados.

Vía jurisdiccional: La vía jurisdiccional se refiere al ámbito donde se resuelven disputas judiciales, generalmente a través de procesos legales y judiciales. Cada jurisdicción tiene su propio sistema de tribunales y procedimientos legales.

Vía ordinaria: La vía ordinaria se refiere a un procedimiento legal regular y común utilizado en el sistema judicial. Es el proceso estándar para resolver disputas y presentar casos ante los tribunales.

Vía recursiva: La vía recursiva es un proceso legal que implica la presentación de recursos o apelaciones para impugnar decisiones judiciales. Los recursos buscan una revisión de las decisiones previas.

Vía sumaria: La vía sumaria es un proceso legal rápido y simplificado utilizado para resolver casos de manera expedita. Se aplica en situaciones donde las cuestiones legales son más simples y pueden resolverse sin un proceso prolongado.

Viabilidad: La viabilidad se refiere a la posibilidad de éxito o realización de algo. Indica si una idea, proyecto o plan es factible y puede llevarse a cabo con éxito.

Vías de comunicación: Las vías de comunicación se refieren a los medios de transporte y canales de comunicación utilizados para la interacción y el intercambio de información entre personas y lugares. Pueden incluir carreteras, ferrocarriles, redes de telecomunicaciones, internet y más.

Vicios del consentimiento: Los vicios del consentimiento son defectos en el acuerdo o contrato debidos a engaño, violencia, error u otras irregularidades que pueden afectar la validez del consentimiento de las partes involucradas.

Vicios ocultos: Los vicios ocultos son defectos en bienes que no son evidentes a simple vista y que pueden afectar su calidad o funcionamiento. Estos defectos pueden no ser conocidos por el comprador al momento de la adquisición.

Víctima: Una víctima es una persona que ha sido afectada negativamente por un acto, evento o situación perjudicial. Puede ser víctima de un delito, un accidente o una circunstancia adversa.

Violación de derechos humanos: La violación de derechos humanos se refiere al atentado contra los derechos fundamentales de las personas, como la libertad, la igualdad, la dignidad y otros derechos protegidos por leyes y tratados internacionales.

Violación de normas: La violación de normas implica el incumplimiento de reglas, leyes o regulaciones establecidas. Puede tener consecuencias legales y disciplinarias.

Violación de privacidad: La violación de privacidad implica la intrusión en la vida privada de una persona sin su consentimiento. Puede incluir la recopilación no autorizada de información personal o la vigilancia ilegal.

Violación de propiedad: La violación de propiedad se refiere a la acción de dañar o usurpar propiedad ajena sin el permiso del propietario legítimo.

Violación de secreto: La violación de secreto implica la revelación no autorizada de información confidencial o secreta. Puede estar sujeta a sanciones legales.

Violación de seguridad: La violación de seguridad se refiere a la acción de vulnerar medidas de seguridad, como sistemas informáticos o instalaciones protegidas. Puede tener implicaciones legales y de seguridad.

Violación de términos: La violación de términos ocurre cuando una parte incumple las condiciones o acuerdos establecidos en un contrato, acuerdo o términos y condiciones.

Violación de tránsito: La violación de tránsito implica una infracción a las normas de tráfico, como exceso de velocidad, no respetar señales de tránsito u otras conductas ilegales al conducir un vehículo.

Violación equiparada: La violación equiparada es una situación en la que se considera como violación, aunque no haya habido resistencia física por parte de la víctima. Puede incluir situaciones donde la víctima no pudo dar un consentimiento válido.

Violación: La violación se refiere a la acción de quebrantar o infringir una ley, norma o derecho. En un contexto más específico, la violación también puede referirse a la agresión sexual, que es un delito grave que implica un acto sexual no consensuado.

Violencia de género: La violencia de género se refiere a la agresión basada en el género de una persona y que afecta de manera desproporcionada a un género en particular, generalmente las mujeres. Puede incluir violencia física, emocional o sexual.

Violencia doméstica: La violencia doméstica se refiere a la agresión física, psicológica o emocional que ocurre en el ámbito doméstico o familiar, generalmente entre miembros de una familia o parejas.

Violencia familiar: La violencia familiar es una forma de agresión que ocurre entre miembros de una familia, incluyendo a padres, hijos, cónyuges u otros parientes.

Violencia intrafamiliar: La violencia intrafamiliar es similar a la violencia familiar y se refiere a la agresión que ocurre entre miembros de una familia o convivientes en el mismo hogar.

Violencia psicológica: La violencia psicológica es una forma de agresión que afecta emocionalmente a una persona y puede incluir amenazas, intimidación o abuso verbal.

Violencia sexual: La violencia sexual implica agresiones de naturaleza sexual, como la violación, el acoso sexual o el abuso sexual. Es un delito grave y una violación de los derechos humanos.

Visto bueno: El visto bueno es una aprobación o autorización dada para llevar a cabo una acción o tomar una decisión específica. Puede ser otorgado por una autoridad, supervisor o entidad competente.

Vivienda de alquiler: Una vivienda de alquiler es una propiedad que se arrienda a un inquilino. El inquilino paga un alquiler periódico para utilizar la vivienda, pero el propietario conserva la propiedad.

Vivienda de emergencia: Una vivienda de emergencia es un alojamiento temporal proporcionado en situaciones de crisis, como desastres naturales o situaciones de desplazamiento forzado.

Vivienda de interés social: Una vivienda de interés social es una vivienda destinada a personas de bajos recursos económicos y generalmente está sujeta a subsidios o beneficios fiscales para hacerla más accesible.

Vivienda de lujo: Una vivienda de lujo es una propiedad de alta calidad y prestigio que generalmente cuenta con características y comodidades excepcionales.

Vivienda de transición: Una vivienda de transición es un alojamiento temporal utilizado mientras se busca una vivienda permanente. Puede ser útil en situaciones de reubicación o cambio de residencia.

Vivienda digna: Una vivienda digna es un alojamiento adecuado que cumple con los estándares básicos de habitabilidad y permite una vida humana decente. Es un derecho reconocido en diversas normativas y tratados internacionales.

Vivienda familiar: Una vivienda familiar es el hogar donde convive una familia, compuesta por sus miembros.

Vivienda nueva: Una vivienda nueva es una propiedad recién construida que no ha tenido previos propietarios.

Vivienda precaria: Una vivienda precaria es un alojamiento que se encuentra en condiciones precarias o deficientes, generalmente sin los estándares básicos de habitabilidad.

Vivienda protegida: Una vivienda protegida es una vivienda sujeta a protecciones legales o regulaciones destinadas a mantener su destino o uso específico.

Vivienda rural: Una vivienda rural es una propiedad ubicada en zonas rurales o campesinas, alejadas de áreas urbanas.

Vivienda social: Una vivienda social es una vivienda de interés social destinada a personas de bajos recursos y generalmente está sujeta a regulaciones específicas.

Vivienda sustentable: Una vivienda sustentable es una propiedad diseñada y construida para tener un impacto ambiental mínimo y utilizar de manera eficiente los recursos naturales.

Vivienda urbana: Una vivienda urbana es una propiedad ubicada en áreas urbanas, generalmente en ciudades o zonas metropolitanas.

Vivienda usada: Una vivienda usada es una propiedad que ha tenido previos propietarios y que ha sido habitada o utilizada antes de su adquisición por parte de un nuevo propietario.

Votación: La votación es el proceso de emitir un voto en una elección o decisión. Los votos expresan la preferencia o elección de los votantes en un proceso democrático.

Voto particular: Un voto particular es un voto individual emitido por un miembro de un órgano colegiado, como un tribunal o una junta, que difiere del resultado mayoritario. El voto particular suele acompañar una explicación de la opinión divergente.

Waiver (renuncia): Un waiver, o renuncia, es el acto de renunciar a ciertos derechos o reclamaciones. Puede ser utilizado en diversos contextos legales, como acuerdos de no litigio o exención de responsabilidad.

Warning (advertencia): Un warning, o advertencia, es un aviso o señal de peligro o riesgo. Se utiliza para alertar a las personas sobre posibles peligros o amenazas.

Warrant (orden judicial): Un warrant, o orden judicial, es una orden emitida por un tribunal que autoriza la detención de una persona o la búsqueda de pruebas en un lugar específico. Puede ser utilizado en investigaciones criminales.

Workforce (fuerza laboral): La workforce, o fuerza laboral, se refiere al conjunto de trabajadores empleados en una organización o en una industria en particular.

Writ (escrito): Un writ, o escrito, es un documento legal emitido por un tribunal con instrucciones específicas o una orden. Puede utilizarse en una variedad de procedimientos legales.

Xenofobia: La xenofobia es la hostilidad o rechazo hacia personas de otras nacionalidades o culturas. Implica prejuicios y actitudes negativas basadas en la nacionalidad o el origen étnico.

Xerocopia: La xerocopia es una copia realizada mediante una fotocopiadora, un proceso de reproducción de documentos que utiliza tecnología de fotocopiado.

Yacimiento: Un yacimiento es un lugar donde se encuentran recursos naturales, minerales, fósiles o arqueológicos, que pueden ser objeto de extracción o estudio.

Yermo: El término "yermo" se refiere a un terreno baldío o sin cultivo, generalmente un área desolada o no desarrollada.

Yerro: El "yerro" es un término que se utiliza para referirse a un error o equivocación en el lenguaje o la escritura.

Yuxtaposición: La yuxtaposición es la colocación de elementos uno al lado del otro para comparación, contraste o énfasis. Se utiliza comúnmente en la literatura y el arte para resaltar diferencias o similitudes.

Zafarrancho: Un zafarrancho se refiere a una confusión, desorden o tumulto, generalmente en un contexto caótico o desorganizado.

Zeloso: El término "zeloso" se refiere a una persona que es diligente, cuidadosa o entusiasta en la ejecución de una tarea o responsabilidad.

Zona de exclusión: Una zona de exclusión es un área restringida o prohibida, generalmente con acceso limitado o restringido para ciertas personas o propósitos.

Zona franca: Una zona franca es un área geográfica donde se aplican beneficios fiscales o comerciales, como la exención de impuestos o aranceles, con el fin de fomentar la actividad económica.

Zonificación: La zonificación es la división de áreas en zonas con diferentes regulaciones o usos permitidos, generalmente utilizada en la planificación urbana y territorial.

Libros:

García Maynez, E. (2016). Introducción al estudio del derecho (25ª ed.). Porrúa.

Dworkin, R. (2005). El imperio de la justicia. Editorial Trotta.

Rawls, J. (2007). Una teoría de la justicia. Fondo de Cultura Económica.

Black, H. C. (2015). Black's Law Dictionary (10ª ed.). Thomson Reuters.

Ferrajoli, L. (2017). Derecho y razón: Teoría del garantismo penal (4ª ed.). Trotta.

Kelsen, H. (2019). Teoría pura del derecho (2ª ed.). Universidad Nacional Autónoma de México.

Bobbio, N. (2018). Teoría general del derecho (6ª ed.). Temis.

Hart, H. L. A. (2017). El concepto de derecho (3ª ed.). Abeledo-Perrot.

MacCormick, N. (2016). Argumentación jurídica y teoría del derecho. Marcial Pons.

Posner, R. A. (2017). El análisis económico del derecho. Fondo de Cultura Económica.

Fuller, L. L. (2016). The Morality of Law (2ª ed.). Yale University Press.

Duguit, L. (2018). Fundamentos del derecho. Editorial Jurídica de Chile.

Tocqueville, A. de. (2019). La democracia en América. Alianza Editorial.

Holmes, O. W. (2017). The Common Law. Harvard University Press.

Gargarella, R. (2020). El derecho y la justicia. Siglo XXI Editores.

Artículos académicos

García-Amado, J. A., & Sánchez, L. (2018). La justicia restaurativa: una aproximación desde el derecho penal. Revista de Derecho Penal y Criminología, 39(107), 29-55.

Solozábal, J. (2017). Los derechos fundamentales y su protección judicial. Revista Española de Derecho Constitucional, 37(109), 225-247.

Carbonell, M. (2015). Derechos humanos y transformación del derecho constitucional. Isonomía, 25, 11-30.

Bernal, C. (2019). La evolución del concepto de justicia en la jurisprudencia de la Corte Internacional de Justicia. Revista Electrónica de Estudios Internacionales, 38, 1-26.

Teubner, G. (2016). El derecho como sistema autopoiético. Revista Crítica de Derecho Inmobiliario, 666, 87-112.

Atienza, M. (2015). La argumentación jurídica como racionalidad retórica. Doxa, 38, 249-269.

Zagrebelsky, G. (2018). La justicia constitucional. Anuario de Filosofía del Derecho, 34, 49-65.

Alexy, R. (2016). Teoría de la argumentación jurídica. Revista Chilena de Derecho, 43(2), 483-501.
Radbruch, G. (2017). Cinco minutos de filosofía del derecho. Anuario de Filosofía del Derecho, 33, 25-40.
MacCormick, N. (2015). Rhetoric and the Rule of Law. Ratio Juris, 28(4), 345-378.
Shklar, J. N. (2017). The Liberalism of Fear. Political Theory, 18(3), 292-296.
Dworkin, R. (2015). Hard Cases. Harvard Law Review, 88(6), 1057-1109.
Bell, D. A. (2018). Brown v. Board of Education and the Interest-Convergence Dilemma. Harvard Law Review, 93(3), 518-533.
Ferrajoli, L. (2017). El garante de la paz. Pensamiento Penal, 12, 131-148.
MacCormick, N. (2019). Beyond the Sovereign State. Ratio Juris, 32(3), 345-358.

Estudios y documentos:

Comisión Internacional de Juristas. (2018). Informe sobre el acceso a la justicia en América Latina.
Banco Mundial. (2020). Informe sobre el desarrollo mundial 2020: El derecho a elegir.
Instituto de Investigaciones Jurídicas (UNAM). (2017). Manual de ética judicial.
Instituto de Derecho Internacional. (2019). Estatuto de la Corte Internacional de Justicia.
Naciones Unidas. (2015). Declaración Universal de Derechos Humanos.
Corte Internacional de Justicia. (2019). Sentencia en el caso de la Frontera Terrestre y Marítima entre Camerún y Nigeria (Camerún c. Nigeria). CIJ Informe Oficial.
Comisión de Venecia. (2018). Código de Buenas Prácticas en Referendos Electorales.
Corte Interamericana de Derechos Humanos. (2020). Jurisprudencia relevante sobre derechos económicos, sociales y culturales.
Consejo de Europa. (2017). Convención Europea de Derechos Humanos y sus Protocolos.
Naciones Unidas. (2022). Convención contra la Tortura y Otros Tratos o Penas Crueles, Inhumanos o Degradantes.

Corte Internacional de Justicia. (2018). Estatuto de la Corte Internacional de Justicia.
Comisión de las Naciones Unidas para el Derecho Mercantil Internacional (CNUDMI). (2016). Convención de las Naciones Unidas sobre los Contratos de Compraventa Internacional de Mercaderías.
Comisión Europea. (2021). Libro Verde sobre el Derecho de Sociedades en Europa.
Instituto Max Planck de Derecho Público Comparado y Derecho Internacional. (2020). Principios de Derecho Europeo de Contratos (PECL).
Tribunal de Justicia de la Unión Europea. (2019). Tratado de Funcionamiento de la Unión Europea.

Informes de Organizaciones:

Amnistía Internacional. (2022). Informe anual 2022: La situación de los derechos humanos en el mundo.

Human Rights Watch. (2021). Informe Mundial 2021.

Comisión Interamericana de Derechos Humanos. (2019). Informe Anual 2019.

Unión Internacional de Abogados. (2018). Declaración de Montreal sobre la Responsabilidad de los Abogados.

Comisión Europea. (2020). Justicia en la Unión Europea: Informe anual 2020.

Human Rights Watch. (2022). World Report 2022: Events of 2021.

Comisión Europea para la Eficacia de la Justicia (CEPEJ). (2020). Informe sobre la Eficiencia de la Justicia en Europa.

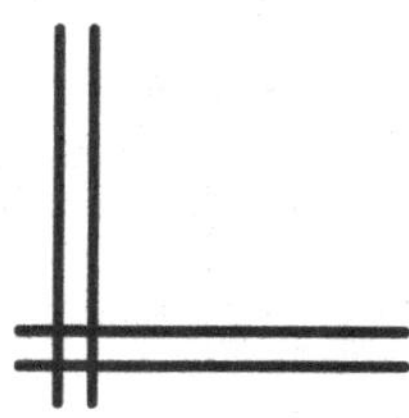

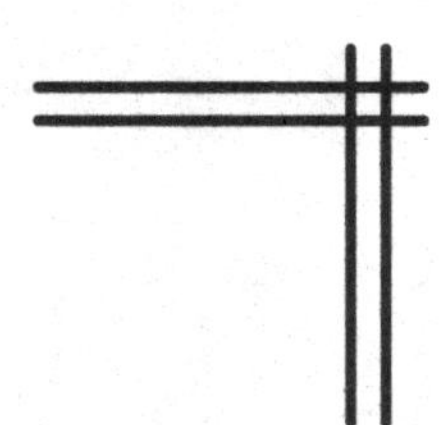

Organización de Estados Americanos (OEA). (2019). Informe sobre Derechos Humanos en las Américas.

Comité de Derechos Humanos de las Naciones Unidas. (2018). Observaciones Finales sobre Informes Periódicos de Estados Partes.

Fundación Thomson Reuters. (2017). Innovación en la Práctica Jurídica: Estudio Global.

Amnistía Internacional. (2021). Informe Anual 2021: La situación de los derechos humanos en el mundo.

Human Rights Watch. (2020). World Report 2020.

Comisión Interamericana de Derechos Humanos. (2018). Informe Anual 2018.

Organización de las Naciones Unidas (ONU). (2020). Pacto Internacional de Derechos Civiles y Políticos.

Comisión para la Eficacia de la Justicia (CEPEJ) del Consejo de Europa. (2019). Informe de Evaluación de la Eficacia de la Justicia en Europa.

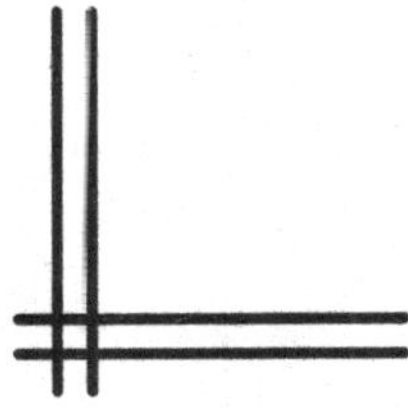

LUIS FERNANDO NARVAEZ CAZARES

Autor

RESEÑA PERSONAL

Doctorando en Educación Luis Fernando Narváez Cázares. Nacido en Monterrey Nuevo León, es Licenciado en Derecho por la Universidad Autónoma de Nuevo León, Máster en Docencia y Doctorando en Educación. A la fecha ha publicado más de 100 libros destacándose en diversas áreas: Derecho (Diccionario Jurídico Básico, Manual de Derecho Laboral, Constitución Política de los Estados Unidos Mexicanos, Introducción al Derecho Civil y Constitucional); Educación (Terminología pedagógica, Recursos Didácticos para Secundaria y Bachillerato); en Poesía, con títulos como "De la ciudad en Noche", "Ceremonias a Tu Cuerpo", "Verde menta", "Llegaste tarde"; así como en Historia "Líneas Mexicanas – Personajes Históricos" "Curiosidades sobre los líderes mundiales" "Los 100 mejores libros de la historia"; Relato, Novela y Enseñanza del idioma extranjero.

PÀGINA LEGAL

Luis Fernando Narváez Cázares

Luis Fernando Narváez Cázares
luisnarvaeziib@gmail.com

Todas las imàgenes, ilustraciones y otros diseños fueron obtenidos a travès de Canva Pro.

www.ingramcontent.com/pod-product-compliance
Lightning Source LLC
LaVergne TN
LVHW030217230826
846093LV00011B/492